LOUDER THAN WORDS

超强掌控

如何迅速并
深刻地影响他人

［美］乔·纳瓦罗　　［美］托尼·夏拉·波因特 / 著　李　欣 / 译

湖南文艺出版社
HUNAN LITERATURE AND ART PUBLISHING HOUSE

博集天卷
CS-BOOKY

图书在版编目（CIP）数据

　　超强掌控／（美）乔·纳瓦罗（Joe Navarro），
（美）托尼·夏拉·波因特（Toni Sciarra Poynter）著；
李欣译 . —长沙：湖南文艺出版社，2019.3
　　书名原文：Louder Than Words
　　ISBN 978-7-5404-8901-4

　　Ⅰ.①超… Ⅱ.①乔…②托…③李… Ⅲ.①商业心
理学 Ⅳ.①F713.55

　　中国版本图书馆 CIP 数据核字（2018）第 268165 号

著作权合同登记号：图字 18-2018-167

LOUDER THAN WORDS, Copyright © 2010 by Joe Navarro.
Published by arrangement with HarperCollins Publishers.

上架建议：商业·畅销

CHAOQIANG ZHANGKONG
超强掌控

作　　　者：［美］乔·纳瓦罗　［美］托尼·夏拉·波因特
译　　　者：李　欣
出 版 人：曾赛丰
责任编辑：薛　健　刘诗哲
监　　制：于向勇　秦　青
策划编辑：康晓硕
文字编辑：郑　荃
营销编辑：刘晓晨　刘　迪　初　晨
版权支持：辛　艳
封面设计：崔浩原
版式设计：梁秋晨
内文排版：麦莫瑞
出版发行：湖南文艺出版社
　　　　　（长沙市雨花区东二环一段 508 号　邮编：410014）
网　　址：www.hnwy.net
印　　刷：三河市中晟雅豪印务有限公司
经　　销：新华书店
开　　本：700mm×995mm　1/16
字　　数：201 千字
印　　张：16
版　　次：2019 年 3 月第 1 版
印　　次：2019 年 3 月第 1 次印刷
书　　号：ISBN 978-7-5404-8901-4
定　　价：49.00 元

若有质量问题，请致电质量监督电话：010-59096394
团购电话：010-59320018

目 录

C O N T E N T S

引言：非语言行为，让你离成功更近

想象一下，你能够知道别人在想什么以及他的感受和意图是什么；想象一下，你能够有力地说服并影响别人；想象一下，未经告知，你就能确定对方的关注点和论点；想象一下，你能够提升他人对你的看法，传达你的自信、权威和同理心。

我们这里讲的是真正了解他人的能力。在商界，如果你能将自信、同理心和了解他人的能力集于一身，你就将获得无与伦比的强大优势。

所幸的是，我们每个人天生就具备超常的却很少用到的洞察力和影响力，以及成就大事的潜力。本书将揭示如何利用这种人人具备但少有人用到的基本能力：无声的却威力强大的非语言行为。

在这个世界上，无声交流时刻都在进行，我们的身体移动、面部表情、如何讲话、如何表达情感、穿着打扮、喜爱的物品、有意识和无意识的行为和态度——甚至我们的环境——都在无声地交流。

非语言行为可以称得上一种世界通用语言，我们每个人都能轻松地解读和运用。套用一个21世纪人们常用的例子来做类比，非语言行为就好比计算机程序：它具有强大的功能，但是大多数人只使用了它很小一部分功能，并未意识到还有很多有价值的功能，可以帮助我们更加有效地交流以及实现我们的目标。另外，像所有软件一样，非语言行为也需要时时被激活、执行和更新，一边应用一边完善。在本书中，我将向大家展示如何深度探究非语言行为的威力，以提升你的个人生活质量和商业技能。

让你离成功更近的非语言行为

我们都陷入过毫无成效、令人沮丧或令人恼火的商务窘境，并且很清楚当时的感受。但我们对糟糕的非语言行为造成这些问题的严重程度察觉甚少：你和别人或别人和你握手的方式、如何问候新客户、讲话的语速、傲慢的举止，甚至包括公司网站是否导航清楚、便于浏览，都有影响。在本书中，你将了解非语言行为的"闪电式判断"——瞬间的评判或印象——是如何支持或破坏你所做的努力的。你也将了解如何利用这些判断收集他人的非常精确的信息：人们的合作性如何，他们是狭隘的还是灵活的，以及他们是否值得你关注。

你会学到如何利用非语言行为确立你在一个组织中的地位，并将自己列入下一批被提拔者的阵容。每天我们都有机会给自己加分或减分，你会读懂客户、同事和老板的意图，并且能够辨明什么时候一切顺利，什么时候麻烦将至。你将学习如何利用非语言行为领导下属，创造成功的氛围来吸引最优秀、最聪明的人才。你将掌握别人对你的认知的秘诀，确保你在目前的工作中或者跳槽到另一家公司后能够获得持续的成功。你还将了解一个组织是如何被外界评价的，以及它是如何向公众传达正确讯息的。

我是如何洞悉非语言行为的

我对非语言行为的认识始自童年，我们全家从古巴搬到美国后。当时我八岁，完全不懂英语的我马上投入日常生活，上学、试着交新朋友，努力在一个新的国家将所有的事情搞定。那时我了解世界的唯一方式就是观察人们的脸和身体，从中获得线索，感知人们在想什么，有什么感受。

没想到这件为了"求生存"而做的偶然性的事情，却变成了我毕生的研究对象和职业追求。我在FBI（美国联邦调查局）学会了如何迅速而准确地评估人类行为的含义，从而可以采取恰当的应对行动，有时这些行动是可以救命的。而且，我的评判是需要有科学依据的，这样它才能经受住司法审查。这也正是我在本书中想教给你们的。

非语言行为的应用范围

非语言行为并非老生常谈，比如"双臂交叉抱于胸前表明你精神紧张，向左看表明你在撒谎"。你会发现，这两个例子不仅是错的，而且也反映了人们对非语言行为范围的认知是有局限的。

在生活的各个领域，从童年嬉戏到青年约会到步入职场，各种形象、标签、信号、行动和行为让我们应接不暇，它们都在用无声的方式传达着观点、想法、讯息和情感。我们也用这些手段吸引别人的注意力，凸显自我感觉的重要，增强自己言行的影响力，传达一些语言无法表达的东西。

即便是语言交流，也有非语言成分：语调、姿态、抑扬顿挫、音量和讲话的持续时长等，这些与所讲内容是同等重要的；停顿和沉默也是非语言行为。

在商界，在举行会议或演讲的场所，一座大楼的"路边吸引力"——建筑、艺术品、装饰物和灯光，都是非语言交流的组成部分。颜色也属于非语言交流的范畴，还有那些看起来不太起眼的"细枝末节"，比如接待处的位置、保安是坐着还是站着，这些都能向公众传达出一些信息。

从个人层面来看，我们不仅通过动作、面部表情以及着装"表达"自己，也通过仪表传递出强有力的非语言信号，比如我们是否有文身，以及如何（甚至在哪里）站着、坐着和斜靠着。这些都决定了别人如何看待我们，以及我们如何向他人传达自己的感受、思想和意图。

像背着双肩背包而不是拿着公文包这么一个简单的细节就能说明一些问题，甚至连名片的样式都能传达我们的一些信息。

为口头陈述的演示文稿选择的背景颜色、公司网站的速度和外观、公司（正式或非正式）的着装标准和是否有"周五便装日"，甚至你每天几点到公司——这些非语言行为都不断地传达着你和你所在公司的信息。

无形的素质，比如你的态度、准备工作、谦恭、姿态和管理风格都是非语言行为。它们会产生深远的影响，尤其当你处于领导地位时。

你只需要看看行业领袖和政治领袖们，对于利用非语言行为进行交流，他们往往都很擅长。当我们赞赏他们的自信、个人魅力、同理心、愿景和领导力时，往往说的都是非语言行为。而那些最卓越的公司，也同样在非语言行为方面没有疏失。我们谈论它们的形象、品牌、光环效应、执着精神、引领力、服务、反应力和影响力时，通常也都是指非语言行为。

跨越平庸，走向卓越

我一直怀着一颗敬畏之心在观察、学习并研究非语言行为传达我们自身精神特质方面的威力，并亲眼见证了许多好人受到伤害，恰恰是因为他们错过了一些确保他们成功、快乐和安全的非语言信号。在我作为FBI特工和督导的工作生涯中，作为小事件中的大角色，或者大事件中的小角色，我看到过许许多多生死存亡的戏剧性情节、导致被判无罪或者监禁的行为，以及导致失败或者带来巨大成功的行动。我不是在实验室里，也不是通过一次实验，而是在现实生活中从事这项研究，分析并界定着善良和邪恶、失败和成功、平庸和伟大。

我从FBI退休以后，发现非语言行为仍然无处不在，并且充满力量，让我一次又一次惊诧不已。非语言行为总是藏匿于不经意间，以无法估量而又难以名状的方式放大着我们的言行。它们是人类的普遍行为，然而其影响又不易被察觉。每个人都能理解它们，可是只有极少数的成功者能够积极地运用它们，他们以无形的方式取得了有形的成功。非语言行为微妙得好似眨眼睛，却可以改变人们之间的关系，因为它们胜于语言。

如果运用得当，非语言行为会将我们的行为、语言、思想和愿望统一成一个整体，还能将他人纳入我们的圈子，与我们结为同盟。它们能孕育信任、舒适、生产力和尊重，它们带来的是统一而不是分裂，是联结而不是疏离；它们能激发出每个人最好的一面，从而惠及各方。这也是擅长利用非语言行为是一个人取得商业成功的首要要素的原因所在。

第 一 章

非语言行为：
看不见的影响力

你分别与两名财务顾问约好会面，目的是从中选择一位来帮助你将辛苦赚来的积蓄用于投资。你来到第一位顾问的办公楼前，发现门口两旁的灌木需要修剪了，旋转门上还有许多指纹。

在安检台前，保安将访客登记簿推到你面前。你很了解这套程序：你需要登记并出示你的身份证件，等着楼上打来电话允许你上楼，之后保安会冲你指一指电梯的方向。

在楼上，接待员正在总机旁繁忙地接打电话。在她接打电话的间隙，你迅速地报上自己的姓名以及所为何事。之后她会示意你先坐一会儿，你可以从咖啡桌上的众多杂志中挑一本看看。

你等了十分钟后，正准备问问接待员可否借用一下洗手间，这时，有可能是你未来顾问的人大步走来。他的袖子卷起，领带松动，看起来他一大早没闲着。你们简单握了握手，他就走在前面带着你去他的办公室了。

在他的办公室里，电话铃正响着。他接起电话，并示意你先坐下。你坐下来，尽量不偷听他和别人的谈话。终于，他挂了电话，你们的会谈这才开始。

你继续去赴第二个约会。这栋办公楼的窗户一尘不染，大楼像是刚粉刷过，整体环境清新优美。

在安检台前，你很高兴地获知，如你所期望的，你的姓名已经被登记在访客名单中。迅速出示身份证件后，你就上了电梯。

你走向接待员时，她正在接电话。电话挂断后，她看向你说："早上好，有什么需要帮助的吗？"

你报上自己的名字以及所为何事，她请你先坐下等待，并告知顾问你已经到了。你坐下来，拿起一本咖啡桌上放着的公司宣传册仔细阅读起来。

不到五分钟，你的联系人就出来了，一边走向你，一边扣上他的西装外套。他带着温暖的微笑迎接你，紧紧和你握手，然后你们一起穿过大厅，来到他的办公室。

在他的办公室里，有很多把椅子可供选择，你的这位伙伴请你坐到最舒服的那把椅子上。你非常惊奇地发现，你最喜欢的饮料正翘首以待你的到来。这时你想起来：你接到过一个确认会面的电话，电话中对方曾问你喜欢喝什么。你们很快坐下来，开始谈话。

现在我相信这个问题的答案是显而易见的：在其他可变因素大致相同的条件下，你会将你的钱委托给哪一位顾问呢？

在以上这些情境中，几乎每一个有影响的因素都是非语言的，而这并不易察觉：

· 房屋的外观；

· 安保人员的工作效率和礼貌；

· 你是被语言告知还是被手势示意；

· 你是否受到接待员充分的关注（包括等待的时间、目光注视以及问候）；

· 提供给你的读物类型；

· 你等待的时间长短；

· 你的联系人是否注意他的仪表；

· 你的联系人如何向你走来以及如何与你握手；

· 你们是并肩走还是他走在前面；

· 你的合作伙伴是否表现出对你的舒适度的关注（座位，提供食物）；

· 你和来电比，哪个更重要。

也许你认为这些事情非常显而易见，只不过是表面功夫。但是请你回想你上一次决定不再与人进行业务往来的原因：大都是一些细节积累而成的，事情虽小，却不断侵蚀好感度。比如不回复电话和电子邮件，习惯性地迟到，总是匆忙无序，或是根本不重视你这个商业伙伴，你难免会产生不舒服的感觉。这些细节损害着一切商业合作的根基——信誉和信任，令本有着积极开端的合作关系无疾而终。我们常常意识不到这种合作早已毫无意义——直到双方重新修订合同，提高价格，竞争对手抛出更有吸引力的条件，或者一个粗心或代价巨大的错误成为"压垮骆驼的最后一根稻草"。

闪电式判断——事关成败的评判往往在瞬间做出

人类天生就有着庞大的脑容量和活跃的思维，大脑不停地运转而又乐于学习。由于身体缺乏超常的物理防御功能（没有壳、爪子、喙、翅膀、尖牙，速度也不快），为了生存，我们不得不依靠大脑的敏捷思维：快速判断处境，依据直觉采取行动，从发生的事件中获取经验并且铭记学到的教训。我们一天到晚开着"雷达"四处走动。世界不断通过我们的感官和我们"讲话"，向我们传递一系列连续的"印象流"，于是我们不断评估这些印象意味着什么。

有许多印象都是我们有意识地获得并评估的：发现一个人很有魅力，就想凑近些多看两眼；闻到刚出炉的巧克力曲奇饼干的香味，就想品尝一下；听到老板叫我们的名字，就会去替他找出他想要的东西。还有一些印象是我们无意识地获得并做出评估的：看到迎面而来的汽车，就会跳起让路，防止自己受到伤害；有人站得离我们太近时，我们就会不自觉地躲开；我们会避开那些行为或外表不太顺眼的人。总之，我们总能根据少得惊人的信息做出决定——而且是在极短的时间内做到。这就是"闪电式判断"一词的意思。

20世纪90年代，这一理论开始得到验证。研究表明，在看到照片后仅仅几秒甚至更短的时间内，我们就能迅速对照片中人物的个性做出非常准确的评判。事实证明，我们所做的大量决定——从我们选择什么样的朋友到我们如何投资——都是基于我们脑中残存的潜意识的不断提示。这种潜意识无处不在，绕开逻辑，悄悄发挥作用而不被察觉，却主宰着我们的看法。这种"闪电式判断"能使我们对他人进行深刻的洞察，得出对他们的看法，判断他们是否可信赖以及他们如何看待我们。我们在毫秒之内做出或成或败的评判，并据此形成的信息，大部分都是非语言的。

关键信息总是藏匿于不经意间

我写作此书的目的，是想提供在成功方程式中常常缺失——但或许又是最容易得到——的那一部分：在工作中解读他人的非语言行为，迅速洞察他们的行动和动机，进而影响他人，这个能力并非高深莫测，人人都有，近得就像在我们的指尖上一样。

举止得体：身体的非语言行为

非语言行为包含大量的举止行为和肢体动作，或者细微如瞬间的眨眼，或者雄壮如芭蕾舞演员的挥臂，或者我们歪斜脑袋的方式，又或者我们的脚放置的位置等诸如此类的动作。我们对这些肢体语言有着大量常见的误解，导致我们试图解读别人时，好似观看小魔术一样一头雾水。在接下来的章节中，你将会了解专业人士如何评估非语言行为——正如我在FBI工作时所做的那样，并且学到解读商务会议或者日常生活中展现的身体语言所需要的广泛知识。你也将了解身体语言是如何成为日常交流中最重要的一部分的。

美貌红利：外貌的非语言行为

一个很有趣的现象是，我们总是嘴上说不在乎外貌，但行动上又是如此执迷于外貌（追逐时尚，购买抗老化产品，担心发胖，八卦谁的穿衣打扮"出位"，阅读最佳和最烂穿衣搭配文章，等等）。然而，如果将外貌也理解为非语言交流的一种形式，那么我们这种看起来自相矛盾的执念还是有道理的。大脑的视觉皮质是一个巨大的加工处理所见事物的神经中枢，很明显，它作为大脑的核心部分在两个方面作用显著：生存和审美。它使我们不但能注意到靠近自己座驾的蓬头垢面、衣衫不整的家伙，也能马上看到香水柜台后面那位迷人的女士。我们总是在不断观察别人看起来是什么样子的，根据亲眼所见决定跟谁接近——程度之深，以至于每当街头小报或者名人杂志推出最新时尚时，许多人都会趋之若鹜地对"潮品"先睹为快。

我们对审美和美丽的偏执是与生俱来的。每一种文化都对美丽、健康、年轻、审美和对称青睐有加，这只能被解释为一种进化的必要性。根据研究，我们知道连婴儿都有欣赏美的能力。美丽对称的面孔会把婴儿逗笑，他们的瞳孔会放大，因为他们潜意识里想将他们喜欢的东西更多地收入眼底（这与我13岁时在迈阿密滩的多维尔海滩度假村第一次见到安-玛格丽特时如出一辙——她摄人心魄，我相信当时我的瞳孔也是充分放大的）。

我们也欣赏体格带来的威严感。因此，俱乐部的保镖都是五大三粗的体格。我们与生俱来向往高个儿，这就解释了为什么领导人的身高往往比一般人高。

外貌的"获利性"已经得到充分的研究，它被称为"美貌红利"。经济学家发现长得好看的人往往挣钱更多，因为他们更容易被雇主看上，并获得频繁升职。研究者还发现公司也可以借此获益，因为长相出众的员工能带来更多收益。美貌红利早就为广告商所熟知，因此那些美丽的脸蛋总是与最成功的美容产品或者其他用广告推销的产品紧密相关。

我们对外貌的关注也许并不公平，但这就是人性，如果你想成为一个非语言行为大师，你就必须关注你自己和别人的外貌。我们将在第五章继续探讨如何管理我们的外貌。

彼得大帝，时尚达人？

彼得大帝，1682—1725年间的俄国沙皇，在他多年对西方的"伟大外交"之旅中，意识到俄国从习俗到思维都落伍了。直觉告诉他，为了改变俄国人看待自己以及西方人看待他们的方式，他必须让他的臣民从里到外彻底改头换面。他决定从波雅尔（沙俄贵族成员的称呼）开始，让他们为其他人树立榜样。他要求他们剃去长长的胡子和头发（通过希腊东正教牧师的画像可以了解俄国人当时的装束），还要求他们把长袍换成更西式的服装，比如裤子。由于在西欧的船坞中工作过，他知道裤子更实用，他希望俄国人具有西方人那样的创新性和生产力。为了防止有人搞不清楚，他把被称作"德式风格"的理想服装款式的图样张贴在莫斯科的城门上，任何人如果违反了新的着装标准，都将被罚款。他的臣民们很快就发现不照章办事的代价是高昂的。若对此抵制，即使是精英人士，也照样会遭受牢狱之灾，并受到剃须剃发的惩罚。他们尝到了厉害。

就这样，彼得大帝首先通过改变着装和外貌来改变人民。等到俄国人看待自己的方式不同了，他们想问题的方式也就不同了。五年后，从欧洲来的访客惊奇地发现，俄国人改变的不仅仅是他们的服装，还有他们的思维方式。这就是彼得大帝所追求的——接受西方的影响，并赢得西方对俄国的尊重。他知道西方的强大具有两大标志性象征：强大的海军和伟大的城市。在本国人民的新思维的基础上，他开始狂热地追求这两者。他建立了强大的海军（当今规模世界第二），并将首都从莫斯科迁至圣彼得堡，这座城市成为政治和文化中心长达200年之久。对一代人而言，俄国从默默无闻到一跃登上全球舞台，充分验证了彼得·阿列克谢耶维奇·罗曼诺夫沙皇的前瞻思维和意识：若想大有作为，必须先改变思维；若想改变思维，必须先改变人们看待自己的方式——这千真万确。

如我所说：讲话中的非语言行为

如何讲话，也会改变别人看待我们的方式以及我们交流沟通的有效性。或许你之前从未想到过讲话竟然与非语言交流有关，但是确实有相关性。这跟我们所讲的内容关系不大，而是与讲话的方式有关。讲话是由话语和讲话的特征构成的，比如我们的态度、语调的抑扬顿挫、音量大小、语速、节奏、强调、迟疑、停顿——甚至我们什么时候讲话，什么时候沉默。

高声大嗓和语速很快的人容易招人反感，不是因为他们说了什么，而是他们说话的方式令人不快。相反，我们欣赏说话慎重、顾及别人感受的人。当然，对讲话太慢的人也会不耐烦。这些仅仅是讲话中的非语言行为的几个例子，你会发现，在交流中，还有很多语言之外的方面也能增强交流效果。

-仅有十句话的演讲-

快说说，谁是爱德华·埃弗里特？如果你不知道，也不必感觉很糟糕。他是哈佛大学前任校长，美国驻英国特派公使、全权公使，美国杰出的演说家之一。在应邀在一个最重要和庄严的场合做完他一生中最重要的一次演讲后，仅仅过了三年，他便去世了。此次演讲的目的是向那段这个国家历史上史无前例的艰苦卓绝的时期致以敬意，而在那段时期，所有公民都参与了一场残酷艰难的斗争。爱德华·埃弗里特向已经集结了几天的观众讲了足足两个小时（确切地说是两小时零八分钟）。他的演讲无论从哪个方面来看都无懈可击，他是一位名副其实的天才演说家。可不幸的是，如同他的名字一样，人们没有记住他演讲的任何一个字眼。

埃弗里特演讲完后，下一个演讲者出场，而我们记住了他讲的话。他只讲了不到3分钟，省掉了很多细枝末节，全文只有272个单词——仅仅10个简洁的句子。他讲得太简短，以至于现场的摄影师都没能及时准备好设备，所以我们没有他演讲的图片记录。但是他的话永存，而且引起了我们的共鸣。他的开场白别具一格，强有力地引导人们一起思索："87年前……"

那272个单词，不同于之前2个小时的演讲，捕捉到了最打动人的瞬间。林肯在国家烈士公墓落成典礼上的葛底斯堡演讲举世闻名，因为其内容短小精悍，演讲者以极高的语言驾驭能力阐述了广大人民为获得统一的民主所付出的巨大代价。他的演讲精彩绝伦，出自能影响陪审团的训练有素的律师的大脑，此时却打动了热切的听众和危难深重的国家。林肯深知多未必好，人民崇尚朴实无华，而简洁才会增强文字的力度，使人刻骨铭心。

侧耳倾听：听的非语言行为

理解听众的两个重要因素在于投入感情和做一个善于倾听者。中国的汉字"听"就体现了这种复杂性，它包含了"耳""目""心"等汉字。①同时，听和倾听也有着巨大的差异。

想一想，你充分信任的那个人，一定是一个善于倾听的人。研究表明，那

---

① 这里指的是"听"的繁体字"聽"，由"耳""王""心"等部分组成。——译者注

些表现出真切地倾听并且有安抚性举动（比如轻触病人）的外科医生被起诉的概率一般都比较小。能够仔细倾听客户想法的股票经纪人，在投资失败或者牛市转入熊市时，也不太容易被客户苛责。一位能倾听员工在生活上或者工作上的不顺心事的经理人，即使他对改变现状无能为力，只是简单地听着，也能提高员工的忠诚度。

根据著名心理学家和作家卡尔·罗杰斯的研究，和倾听紧密相关的是语言模仿。语言模仿是一个简单但强有力的疗愈性技巧，能让你与某人迅速建立联系。我在FBI时，发现这一方法对于建立富有同理心的交流渠道是极有价值的。

罗杰斯认为，在心理咨询中要时时刻刻了解病人的心理，从而建立有效的疗愈性关系。他也确实做到了，通过倾听病人说了什么，然后用跟病人所说类似的信息回应病人。如果病人说的是"我的家"（my home），那么罗杰斯就会用单词"家"（home）来模仿病人，而不是用"房子"（house）。如果病人说的是"我的孩子"（my child），同样，罗杰斯也会说"孩子"（child），而不是"小孩"（kid），也不是"女儿"（daughter）。对一些职业来说，建立密切良好的关系是至关重要的，而语言模仿就是强有力的工具，这些职业包括医药、心理咨询、销售、财务和管理。

遗憾的是，大多数人在语言上都是以自我为中心的，并使用自己的语言展开对话。为了让对话具有最大程度的有效性，你必须使用他人的语言。这样做，你就模仿了他们头脑中以及语言上——甚至心理上——让他们感到舒服的东西，你就立即跟他们步调一致了。

我现在已经50多岁了，伴随着我的成长的是"难处"（problems），而不是"问题"（issues）。如果有人问"你有什么问题吗？"，不会像问"你有什么难处吗？"一样能让我产生共鸣。对我来说，我对"问题"毫无感觉，我想我的同龄人和前辈一定都有同感。

这种无法模仿别人语言偏好的现象在我给商界人士举办的研讨班中时常可以遇到，他们认定客户能够理解或者使用跟他们一样的专门术语。但并非如此，你必须认真听。如果客户说"这个要多少钱（bucks）？"，你就不要回答"价格"（price）。如果你这样做，就只是在讲话，而不是在有效地交流，当然更不是富有同理心的交流。如果客户说他"对经济感到恐慌（scared）"，你就要让他知道你理解他是"恐慌的"，而不要回答"我看得出你很担忧（concerned）"，他并不是"担忧"，而是"恐慌"！用别人的话进行交流（即以他人为中心，而不是以自我为中心）表明你有充分的同理心。别人在潜意识里感觉到了深层次的理解，回应就会更加积极。

我在职业生涯早期就意识到了创建共同语言的重要性。当时我正负责抓捕联邦政府的一名逃犯，在亚利桑那州的金曼以外的地区将他逮捕后，他开始跟我讲他的人生。在开车去最近的地方法官处的路途中，我用了他所用过的所有字眼："尴尬的""难堪的""担心的""好基督徒"。我告诉他我理解他有多么难堪，他被捕实在是尴尬，他很担心他母亲的感受，因为他是个好基督徒。结果，就在驱车到菲尼克斯的短短路途中，他就对我产生了信任，向我坦白了之前调查人员没有审出来的信息，甚至包括其他的受害者。他供认不讳并非因为我聪明，而是因为我了解语言模仿的威力。

所以，请仔细倾听你的客户、病人、员工和业务伙伴用了什么字眼吧，你一定能从使用这些字眼的过程中获益。当然，对你的爱人，你也可以这样做。你会发现，这样做多了，别人将把你视为一个有同理心、善于倾听的人。

行如其人：行为中的非语言行为

想想你工作的地方。谁的办公室乱得一团糟？谁习惯性迟到？谁在会议中浪费时间？当别人在讲话时，谁总是在摆弄他的智能手机？谁从来不回复你？谁很懒，总是为自己完不成工作找理由？谁是习惯性的社交高手？

我打赌你一定知道谁是这样的人，你的同事也知道——除了这些人自己。有些人对自己的行为和形象的负面效应浑然不觉。他们可能在许多方面本领过人，但在当今竞争超级激烈的职场中，也有很多人同样本领过人，却能够保持办公室整洁有序、准点上班、认真为会议做准备、尊重同事，并且工作兢兢业业，对得起薪水。礼节和良好的非语言行为具有相关性，因为二者都与让人们舒服并能产生积极效果的行为有关。整洁、准时、准备充分、专注和努力工作只是非语言行为的几个方面，在正式场合却能给人留下难忘的印象。

人们注意到你并对你形成评价，是基于你的行为。在工作场所，他们会关注你的方方面面：你到达单位的时间，你抽过几次烟，你跟朋友煲电话粥的时长，你请病假的频率，你的工作质量，你是否拍老板的马屁，你是一个牢骚满腹的人还是一个勤勤恳恳努力工作的人。如果你认为别人没有注意到这些，那么你就是在自欺欺人。你的所有负面行为给人留下的印象都会对你和你的雇主非常不利。

不只单位内部的人会注意到你的行为举止，单位外的人也会注意到你和你的员工的行为。例如，医院和卫生保健机构现在都严格要求在病人出院之前进行问卷调查（即"医院消费者对医疗保健服务提供者和系统的评价"）。21个问题中，有三分之二是关于非语言行为的，比如：医生照顾周到吗？医院的员工能倾听你的要求吗？保健服务人员反应迅速吗？诸如此类。我将在后面的章节中解释如何通过非语言行为让人们舒服，并展示你的最佳状态，以使你本人或者你的公司脱颖而出。行为上的自我展示非常关键，尤其是在互联网当道的今天。大学教授开始在网上被打分评价，因此他们会更加严肃认真。博主们在网上发帖对公司的服务给差评，公司就会遭受灭顶之灾。差评严重影响销售额，这也是亚马逊殚精竭虑地提供最佳服务的原因之一。

外面的世界：环境中的非语言行为

在优惠贷款利率对所有人都一样的情况下，我们为什么会选择这家银行而不选择那家银行？我们的选择基于它们提供的服务，也基于诸如"路边吸引力"等因素，比如广告、认知和我们是如何被接待的——所有这些都是非语言的。成功的企业都明白审美的无声影响力，从大堂的设计到CEO办公室的装修等。位于拉斯维加斯的凯撒皇宫大酒店的建筑正面涂刷了18种不同的炫目白漆，并且整座建筑会定期进行清洗、涂刷。为什么？因为这种"路边吸引力"会确保高入住率，毕竟拉斯维加斯并不缺酒店。

环境不仅会影响企业的利润，还会影响我们行为的好坏。最近的研究验证了破窗理论：一个地区破败不堪，容易使该地区的犯罪和不安定行为增加。研究人员发现，在一个治安良好的地区涂刷一座建筑物，然后将其废弃，有关财物损失的犯罪率就会明显上升。警察们心知肚明的底线：如果人们的行为看上去很随意，那么罪犯就会认为制造混乱的行为也没什么大不了。

如果你开始从非语言行为的视角审视你的工作场所，如我们将在第六至第七章所探讨的，你就会对影响工作场所的大大小小的因素的效果有深刻认识。

无形乃一切：性格的非语言行为

谦卑、庄重、自信、傲慢、乖戾、胆怯——许多人都没有意识到，我们与性格相关的这些无形的特点往往会通过非语言行为强烈地表现出来。当你想到圣雄甘地时，你头脑里冒出的第一印象是什么？是一个裹着一块缠腰布的——

非语言的——形象。这个弱小的人，通过实施克制的、被动的非暴力抵抗，以谦卑击垮了英国的统治，没有蓝色的套装，没有老套的领带，没有私人直升机，没有豪华轿车，没有随从。

我想告诉年轻的生意人：想获得有效的成功，就要尽量变得更加谦恭，傲慢会破坏公司的声誉。我还从没遇到过哪个人会喜欢自命不凡和傲慢无礼的人。自恋无法为你带来同情，就像纽约州前州长埃利奥特·斯皮策当年被指与卖淫团伙有染，他发现民众对他毫不留情，就是因为他有傲慢无礼的"前科"。

-乘坐私人飞机的老板们-

2008年，房贷危机引起了经济衰退，美国的汽车业几乎被拖到濒临破产的境地。汽车业"三巨头"福特、通用和克莱斯勒的老总们跑到华盛顿向国会请愿，申请250亿美元的纳税人援助。眼看几百万员工的生计将无着落，他们却选择乘坐自己公司的喷气式飞机前往首都。他们行为上的这一失误使得美国国会、总统、工会、报界和普通美国劳工都抓住了把柄。"这可真是个绝妙的讽刺。"一位国会议员如此说道，"看着这么豪华的私人飞机飞入华盛顿，从里面走出来的人却手捧'锡钵'前来'化缘'。"与其他议员的说法相比，这已经是口下留情了。聪慧、受过良好教育的人却犯下如此严重而明显的错误，真是不可思议。

国家处于经济大萧条以来最糟糕的经济下行期，这些人显然对自己的行为所传达出的含义完全没有概念。他们到了华盛顿，不但没有章法（他们只想着索要运营资本），而且态度也使得他们在华盛顿或者美国公众中没有朋友。这是一个价值几十亿美元的认知管理的失败案例，多年来，它都被当作"不可为之"的案例在全美的商学课上进行研究。

利害越大，非语言行为越重要

2008年总统竞选期间，我应邀多次参加《早间秀》（哥伦比亚广播公司）节目，分析候选人在全国例行演讲和辩论中的非语言行为。我强烈地感受到：在所有的群众集会、政治演讲、广告活动和辩论结束后，没人真正记得候选人说了什么。我们能记住的是：谁看上去泰然自若，谁看上去经验丰富，谁看上去像大学啦啦队队长那样眨眼睛，谁看上去有才能，谁看上去有"总统范儿"。大多数情况下，我们记住的是候选人的非语言行为。每隔四年，非语言行为的威力就会提醒我们，那些通过竞选成为元首的人会被人记住，部分原因在于他们所说的话，而更重要的是他们在全国舞台上是如何表现的，这也是对他们未来在世界舞台上如何表现的检阅。

| | | | | | | | |

非语言行为对我们的生活影响深远，它代表了我们给人的整体印象。意识到这一点的人将能够获得别人无法企及的影响力。信任、舒服、合作、亲近、生产力和影响力都极依赖于非语言行为，忽略了它们的威力，将导致平庸——或者更糟糕，失败。在下一章里，你将会了解根植于我们内心的对舒服和信任的需求，将驱动我们每一个可预见情境下的行为。

第 二 章 ∨

舒适or不舒适：
非语言行为的
作用机制

在旅行途中，我会随身携带一组照片来回忆
我和亲人所拥有的美好时刻。其中我最喜欢的一张
照片是我和女儿的合照，那时她只有14个月大，依
偎在我的臂弯里，躺在我的胸前。我俩头挨着头，
都是睡意浓浓又很满足的样子。

相比之下，2008年的秋天给我们留下的记忆
则是令人恐惧的周期性银行危机和濒临崩溃的全球
经济。纽约证券交易所交易大厅的摄像机捕捉到了
人们的非语言行为所表达出的恐惧和当时那种痛苦
的感觉。不得不说，这为我们认识非语言行为提
供了视觉教材：他们或紧闭双眼，或用手完全挡住
自己的脸，不敢去看电脑屏幕上层层叠叠的骇人数
字；手臂紧紧地环抱住身体；双唇紧抿，扭曲成极
痛苦的倒U形；手安慰似的抚摸着嘴和下巴；手攥
紧，好像在祈祷；啃着指甲；双颊鼓起，好像在用

强行呼出空气来缓解紧张。这些都是非常令人不舒服的影像。

舒适和不舒适——愉快和痛苦，这对组合构成了生活的两个重要方面。我们随时都在体验其中之一，同时身体也会产生一连串的化学反应来控制情绪，规范行为。舒适或不舒适是我们与生俱来的反应，对我们的生存至关重要。因为大脑配备了这个反应系统，所以观察他人的动态变化对于推测他人的想法、感觉、意图很有帮助。

审问中的实验

为了让FBI的特工们学会有关非语言行为评估的知识，我翻阅了数百部书籍文献，最终才将非语言行为范式完善至此。我所研读的材料都很有吸引力，但是也有些陈腐，主题被分为"感知""补充""调节""歧义"和"强调行为"等类别。因为非语言交流涉及很多领域（如生物学、神经学、社会学、心理学、人类学），所以对我这样的从业者来说，整合信息是艰难的。虽然我以这种方式学习身体语言交流的知识，但并不代表我想以这种方式教学，也不代表想把这种方式应用在反间谍的现实活动中。

除了利用当下的学术研究（大部分研究都是针对校园环境中的大学生完成的），我还利用在FBI的充足机会，在最关键的场合亲自对一些研究进行了测试：坐在一名间谍或是恐怖分子对面。另外，在国家安全事务中，我的工作非常紧急，这使我在做非语言行为分析时需要极为高效。等待处理的案件太多，没有时间和金钱浪费在"分析瘫痪"上。间谍和罪犯随时在行动，没有时间细细琢磨，没有广告休息时间，不会暂停，也不会时光倒流。因此，我们必须想出一个可以精准快速地分析各种行为的办法，以便采取相应的措施。

　　总的来说，这一分析过程应该是精简的，并能被快速教授给反间谍官员和执法人员，使其能够立即应用于实践；同时足够严密，经得起司法和科学的双重检验。我发现我的学生都能很快地理解舒适/不舒适范式，全球已经有几千个学生学习了这一范式。

　　简单来说，就是这样的，当你观察一种行为时，问一下自己："这种行为代表舒适还是不舒适？"这个问题很好理解。如果我提到了求爱行为，你可能会联想到十指相扣、四目相对、接近、触摸、步调一致地散步、歪头、微笑等等。

　　相比之下，我们能从那些处于防御状态或者竭力掩饰他们的犯罪行为或犯罪意识的人身上看到什么呢？我们能够看到那些与放松状态相反的行为：保持距离的动作，比如身体斜向一边，或者手脚向后缩；动作僵硬迟缓；嘴唇抿着，没有笑意；鬼鬼祟祟地东张西望；坐立不安，极度紧张。

　　我开始以这种方式教授非语言行为的知识，并发现一旦我们开始对这一范式（舒适/不舒适）进行观察，行为就变得很好理解。在很多方面，我们对周围环境的反应并不复杂。同样，我们大脑的思维在求生的时候也变得简单。

　　比如一条蛇突然出现，摆出攻击的姿势，或是一只杜宾犬狂吠不止，遇到这类情况，我们必须立即判断：它是不是构成威胁。大脑不会进行多余的考虑，我们能够即刻做出反应。从进化的角度来讲，仔细考量威胁对我们人类这个物种来说也是没有益处的，所以我们才进化出了判断事物是否有威胁或是否让我们感到不适的有效方法。我们的反应无论是在现在还是在两万年前，都是没有区别的，哪怕是在一些小事上：如果我们走进一间很热的房间，我们就会立即做出反应，就像有人站得离我们太近时，我们会做出反应一样。负面反应在反映我们的内心状态时是绝对迅速而准确的。每时每刻，我们的感觉（舒适或不舒适）都会从我们的行为中反映出来，所以我们才会有微笑、耸肩等动作。

　　为了帮助我的学生，也为了让这个范式更有说服力，我列出了一些舒适和不舒适范畴中的词语和短语（有一些可能会让你感同身受）。看到这么多情感和行为都在这两个类别里，真的很让人吃惊。以下是一小部分示例：

舒适的信号	不舒适的信号
冷静	焦虑
自信	不安
思维清晰	思维模糊
靠近	疏离
欣赏	反对
表达流利	讲话失误
友善	不友善
幸福	抑郁
开放	封闭
触摸	移开
快乐	愤怒
耐心	急躁
平和	神经质
平静	恐惧
接受	顽固
放松	紧张
尊重	冷漠
安全感	缺少安全感
温柔	严厉
信任	怀疑
真实	欺骗
温暖	冷淡
果决	犹豫
镇定	咆哮

虽然无法详尽地一一列出，但是以上词语和短语也足以告诉我们到底有多少行为、态度和情感在这两大范畴里。

舒适/不舒适范式与你的关系

自出生那天起，我们就开始用各种方式来传达信息，以告诉外界我们的感受。吃饱了就觉得舒服，饿了就觉得难受；身上湿湿的就不舒服，干干净净的就很舒服；得到满足就开心，失望就烦躁。在之后的生活中，我们在舒适的状态与不舒适的状态之间不断地切换：要么紧张，要么平和；要么自信，要么怀疑自我。总而言之，我们总是处于舒适/不舒适之间的一种状态。仔细想想，确实是这么回事——当这一天没什么闹心事的时候，你就会觉得这一天过得还不错。

使人产生舒适感的行为包括触碰、信任、相互靠近和理解。这些行为对增进人际关系大有帮助。那么，不舒适的状态下会有什么表现？比如保持距离、戒备、疏离、隐瞒等，这些行为对家庭、工作或是在任何其他环境里都有百害而无一利。

从我们清晨苏醒那一刻起，舒适与不舒适的循环就开始了。起床之后，我们感觉后背疼或者身体状态很好；洗澡水太热或者太冷；找得到想穿的凉鞋或者找不到；咖啡太浓或者刚刚好，诸如此类。在办公室里，文件做得很完美，或者第三段需要修改；有一笔划算的买卖，拿得到或者拿不到；弗兰克给人带来欢乐，或者因为他，这一天被毁掉了。就这样循环往复。每一天，每时每刻，我们都在这两种对立的状态中切换，而我们的身体则传出每一个瞬间我们的感受。

在舒适/不舒适范式中，哪种状态对有效领导、培养商业客户、有效销售和令人满意地处理人力资源问题更有利？我确信你很快就会意识到，在商务场合，令人舒适的行为有多么重要，因为这些行为的影响是如此深远。令人不适的问题必须被解决，只有恢复了舒适状态，才能继续工作。非语言智慧——读懂他人的能力——能在他人意识到之前帮你发现并解决令人不适的问题，即使他人从未表达出来。事实上，假使你身处局势紧张的商务环境中，并且脑中对曾经学习过的非语言智慧知识一片空白，你不如先问问自己："这种行为是否符合舒适感或不适感的范畴？"这样做的话，大多数时候，你都能将事态的发展引回正轨。

我还在FBI的时候，曾耗费大量的时间与接受问讯者建立融洽的关系（舒适状态），因为经验告诉我们，人们不愿意在高度紧张、怀疑或者仇恨的情绪下与你合作（不适状态）。顺便说一句，不适感也会影响记忆力，这就是当你倍感压力时，会想不起来钥匙放在哪儿的原因。实话告诉你，没有人会对你坦诚相告，因为他们对你没有好感或者充满敌意。不同于你看到的犯罪类型的电视剧，在现实生活中，罪犯招供往往发生在审问者与被审问者之间建立起友好关系的时候。

非语言行为不仅会帮助你在他人间建立舒适感，也会让你更有效地与人沟通。你注意到成功的演说家和优秀的领袖在讲话时展现出的舒适感了吗？他们的自信只有通过令人舒适的表现才能被传达出来。无论事态多么紧张，多么具有争议，那些镇定自若的（让我们感受到舒适的）领导人才是我们簇拥的人，值得我们追随。

人在舒适与不舒适状态下的三种反应

大脑不停地提醒我们是否处于舒适或不舒适状态，受到威胁时远离，得到帮助时靠近。这个高度发达的预警机能帮助我们逃离危险，建立合作关系，从而使我们这个物种得以生存、延续。

我们把大脑中掌控生存反应的部分称为大脑边缘系统。大脑边缘系统位于大脑深处，而且由大量古老的脑结构组成，包括胼胝体（连接大脑的左、右半球）、杏仁核（对任何会伤害我们的事物做出反应）、海马体（存储情感记忆和个人经历的部分）、丘脑（提取感官的信息，像CPU）和下丘脑（调节体内平衡）。

就像用杀毒软件保护你的电脑一样，边缘系统总是在后台运行，无论你的大脑皮层（大脑中负责意识思维的部分）活跃与否。当你全神贯注地完成一份报告时，有人从后面进入你周围的空间，面对这种打扰，你的身体会僵直起来，注意力也会从报告上转移开。当你大步横穿马路，脑子里在构思一场演讲或盘算自己的购物清单时，你看到一辆车向你冲来，你会立刻跳到一旁。当你坐在游泳池旁边和别人闲聊时，你的孩子在附近玩耍，就在她即将跌进游泳池的一刹那，你会一个箭步冲上去抓住她。综上所述，边缘系统时刻准备着保护我们和我们在乎的人。有趣的是，在诸如此类的实例中，我们人类会"像猫一样条件反射"，而其他情况下，当我们想要做点什么的时候，大多数动物的反应时间都足以击败我们。

经受了数千年的考验后，当我们察觉到危险的时候，边缘系统会自动触发三种神经反应。在《FBI教你读心术》一书中，我称其为"3F非语言行为"，即不动（freeze）、逃跑（flee）或战斗（fight）。

不 动

通常碰到威胁自身生命的情况，大多数人听到的话都是"打或者逃"。但实际上，人是有三种反应的，而"不动"是最初也是优先的一种反应。为什么呢？就一个词：有效。想象一下你是一个早期的原始人，生活在非洲的热带草原上。突然，你发现一只隐藏在暗处的剑齿虎，你会下意识地定住。这是一种"边缘常识"：尽量保持不动，祈祷捕食者不会注意到自己。这要比你动来动去，激发大型猫科动物"追—扑倒—撕咬"的哺食反应要好。所有哺乳动物的活动都受定向反射①的影响，而能对抗定向反射的一个确定的方法就是保持不动。不动的反应还可以让我们保持体力，用清醒的头脑去评估周围的环境并做出选择。如果不是这种反应通过了进化试验和试错考验，我们也不会生存下来，并进化成如今的人类物种。

虽然今天我们生活、工作在现代的郊区和摩天大楼里，离非洲热带大草原如此遥远，但边缘反应的习惯是很难改变的。不动反应仍然是我们的第一道防线，这能够从许多非语言行为上体现出来：员工坐在那里被点评表现不好时，双手会紧紧抓住膝盖，脚踝紧贴；政治家被问到一个很难回答的问题时，虽然面带微笑，但紧紧握住椅子的扶手；学生虽然看着教授，但他的表情像车灯前惊慌的小鹿，因为他还没有复习功课；罪犯在接受审问时声称他一无所知，但坐在椅子上的他，表情像凝固了一般。在这些例子中，"不动"反应开始出现，并通过身体语言表现出来。

当突发暴力事件，或者猛的一声巨响时，人们会突然一动不动，仿佛受到

---

① 定向反射是指每当动物或人的周围出现新异刺激的时候，动物或人就会将自己的感官朝向新异刺激，以便更好地感受这一刺激，从而做出适当的反应，以适应环境的新变化。——译者注

了冲击一般。"不动"反应开始工作。这种反应很敏感，甚至听到坏消息时，我们也会瞬间处于停滞状态，以便消化这一不幸的消息。

逃　跑

如果"不动"不能帮我们躲避危险，那么只能三十六计，走为上计了。大自然中动物捕猎的场景对我们来说并不陌生，温和无害的畜群被一只饥饿的猎豹袭击：畜群先是愣住（不动），几声心跳声过后，便开始四下逃窜了。

在现实生活中，我们并不是每次都能顺从内心，离开那些让我们不舒服的场合，但这并不妨碍边缘系统发出信号，尝试让我们远离那些带来负面情绪的事情。在下一章里，我们能看到最"诚实"的腿和脚是如何通过非语言行为表现出想要远离的渴望的：当我们想要结束一段对话时，我们的脚会不自觉地向外移动；陪审员不喜欢证人的时候，会把腿转向出口；有人发言时语言不当，我们会旋转椅子的角度背对着他；碰到自己不喜欢的人，我们会不自觉地斜对着他。是我们的边缘系统让我们不自觉地想要远离自己不喜欢的事物。

同样，当我们与人争执或意见不合的时候，我们的身体会斜向一旁或者略微转一个角度。我们会侧身（将我们的胸部转向另一个方向）对着自己厌烦的人（还记得戴安娜王妃和查尔斯王子在他们最后一年的婚姻生活中是什么状态吗？），直到忍无可忍，最终背对着他们。或者我们会通过制造一些障碍来拉开距离（比如突然将钱包放在膝盖上、扣上夹克衫的纽扣、锁车门、四处看等等），还包括垂下眼睑或者用手指覆上去来阻断视线的交流。这些都是现代生活的适应手段，用来帮助我们与别人保持距离。

战　斗

当我们被逼到悬崖边上或是陷入困境，不能坐以待毙，也无处可逃时，我们就会选择抗争。"战斗"是3F非语言行为里最"昂贵"的一个选择，因为它会耗费大量精力，使我们的身体处于风险中，深掘潜力正面应对袭击者，虽然这种抗争不一定会成功。

在现代"文明"社会，我们已经将战斗转化成被动攻击性行为（比如接受一项工作，但不完成它）、争吵和咆哮、向墙壁砸东西、气得跳脚、将车撞向客厅、把鞭炮扔进信箱里——这些只是这周头条新闻里的几个例子罢了。

因为法律不允许我们对他人动用暴力，所以大多数人就会将负面情绪发泄在自己身上（重击自己的手掌、把东西扔到地上、把嘴唇咬破），或者借其他事情出气（说脏话、让狗在邻居的院子里乱跑），或者通过身体表达不满：两个人挺起胸膛互相吼叫；恶毒的老板双手撑在桌子上，身体前倾，对你表达轻视；愤怒的航空乘客咄咄逼人，将身体前倾至柜台前，侵犯机场工作人员的空间；棒球队的老板鼓着腮帮子叫嚣，咄咄逼人地把脸贴近裁判，表达对最后判罚的不满。争吵、直呼其名、咆哮、大发脾气——这些都是现代人斗争的方式，因为法律不允许直接的抗争。然而，肢体上的拳打脚踢式的斗争仍然时有发生。

当战斗爆发在即的时候，非语言行为也会起到暗示的作用。准备运动（打架）的人常常会有收紧下巴、攥拳、挺起胸膛、脱下外套（或是摘下眼镜、帽子）、张开鼻孔等动作。当今，战斗的方式已经转变，我们不会再像中世纪时期那样经常格斗，但是边缘反应一直存在。

舒适或不舒适的自然反应与后天培养有很大关系。从呱呱坠地的那一刻起，我们与他人的互动就在刺激大脑产生化学反应以及脑电波，这两个因素在塑造我们人格的反馈回路中又会影响我们的情感与行为。

我们所见到的舒适/不舒适范式的最早的表达是在母亲与婴儿之间：婴儿会表现出不适（比如在饥饿或尿湿时大哭），而母亲则会温柔地让孩子舒服起来。此时我们能学到关于情绪的第一课。婴儿会通过表达不适获得母亲的注意，得到母亲抚慰式的回应。母亲会时刻注意婴儿的非语言行为，确认他是否有不适的表现，这样孩子就能恢复平静。之后孩子会学会信任母亲的照顾（回应）。

从生理角度来讲，培养式的行为会使人体释放出一定量的化学物质，包括有助于加强社会人际交往的后叶催产素。事实上，新生儿的主要生存活动——吮吸母乳——会促进婴儿及其母亲体内后叶催产素的分泌。因此，我们在生理上其实已经准备好寻求舒适和给予舒适，以此作为生活的根基。当我们长大之后，后叶催产素对我们在恋爱、结婚以及发展事业的过程中建立人际关系有至关重要的作用。研究显示，当我们拥有互相尊重、交往恰当的健康的商务关系时，我们与合作伙伴之间的信任就会不断加强，就会更愿意共同赚钱。

你在模仿别人吗？

镜像反射——同步彼此的行为和动作——是人际交往舒适度的最强有力的表现。同样，这种现象也会出现在母婴之间。研究人员已经在电影中捕捉到了这一美好的情感表达方式。当镜像反射（也叫作嗜同神经行为、姿势回声，或是同步式行为）以慢动作呈现时，看起来就像在跳舞：婴儿微笑，母亲也会微笑；婴儿牙牙学语，母亲也会发出相似的声音；婴儿歪着脑袋，母亲也会模仿他。这是移情式交流的开始，在以后的日子里，它对我们的恋爱和工作都会产生很大影响。

正因为我们都更喜欢舒适的状态，所以才会对同步式行为有所偏爱。事实上，当一个婴儿在襁褓中哭泣时，其他的婴儿也会效仿，随之哭泣。当朋友接到坏消息时，看起来像霜打的茄子，我们的情绪也会随之低落，用相同的方式表达我们的同情。因此，葬礼上的人的面部表情看起来都是一样的；球队得分时，我们欢欣鼓舞的样子也如此相似。同步式行为能够促进和体现社会的和谐。

-隐匿在人群中的犯罪面孔-

有趣的是，美国特勤局会从人群中寻找不具有同步式行为的人，这样的人通常在计划做一些与人群中的其他人不同的事情——甚至可能有犯罪计划。在小约翰·W. 欣克利①意图刺杀罗纳德·里根之后，目击者对调查人员表示，欣克利的相貌、表情和举止看上去十分怪异。当其他人兴高采烈地近距离看着总统时，他的表现与周围的其他人并不同步。阿瑟·布雷默②试图刺杀州长乔治·C. 华莱士的时候也是如此，从之后发布的新闻图片中可以看出，布雷默在人群中看起来非常"古怪"，显得十分突出。

无论是在陌生人还是在熟识的人中间，我们都可以发现这样的同步式行

---

① 1981年3月30日，约翰·欣克利刺杀时任美国总统罗纳德·里根，未遂。——译者注
② 1972年5月15日，阿瑟·布雷默枪击美国民主党总统候选人乔治·华莱士，致使其终身瘫痪。——译者注

为。比如，我在写这一章的书稿时，被邀请参加一个早间电视节目。在那个绿色的房间里，我与一位人很好的嘉宾进行了一次对话，我们相处得非常融洽。因为有关这个章节的一些想法还在我脑子里，所以为了看看改变我们之间的舒适格局会发生什么，我决定变换坐姿。我们当时正面对面坐着，双腿微微分开，双手放在膝盖上。当有人进入房间时，我突然调整了姿势，把左腿置于膝盖上，造成了一个障碍，同时双脚朝向门口。那位嘉宾也立即坐直了身体，改变了姿势，无意识地模仿了我。就在他调整姿势之后，他与我的对话里有了一丝犹豫。

然而，这位嘉宾没有意识到他模仿了我的动作。相信到现在为止，你应该明白其中的原因了：边缘系统的反应与人的行为是同步的。我们对舒适的固有偏爱来自大脑的固定模式、我们的生活经历和文化制约。我们时时刻刻都在舒适和不舒适之间来回切换，边缘系统将所有经历都设定在这个范围内，形成回应，从而将我们引向舒适的一端。

应该说明的是，文化偏好也会影响边缘反应，但是不会推翻固有的反应，这也是边缘反应具有普遍性的原因。这些反应是我们从婴儿时期就开始逐步形成的，它们是如此普遍，而且微妙，所以整本书都将致力于讲解跨文化认知。

比如，生长的地域会决定你站得离他人有多近、你在电梯里的朝向（北美人会面向电梯门，看着楼层的变化；南美人会转身面向彼此）、你在公共场合触碰他人的位置和频率，以及你盯着一个人看的时间长短。个人空间的大小也会受文化影响：拉美人在有人距离他们八英寸以内时会感到不适；而在北美国家，距离达到两英尺就会让人感到不舒服了。对他人的个人空间的敏感度会影响他人对你的看法，这一点我会在之后的内容中进行讨论。后天培养和社会化也会影响我们和他人在互动中的舒适程度。说到个人空间，文化会决定距离，但是边缘系统会决定你是否感到舒适。

||||||||

最后，当你与他人相处时，你可以直接对舒适度做出评估：如果舒适，你会看到嗜同神经行为或是镜像行为，并伴随着其他舒适的表现。如果不适，你也会很清楚。当不适达到一定程度，就会表现出3F非语言行为（不动、逃跑、战斗——或者僵化、疏离、刻薄）。在商务场合，让人感到舒适是关键所在，我们将会在下一章谈到此点。当各方都感到舒适时，交流就会更有效，我们就会变得更有说服力，交易也会变得更顺利。

其他可能相关的方面还有个性、思考方式和情商。这些因素各有作用。但是，以我几十年来在很多生死攸关的场合以及间谍和反间谍活动中的工作经验来说，以非语言方式表达的舒适/不舒适范式在现实中是可以立刻被察觉到的，在揭示人的感受、想法和意图方面是十分可靠的。这些知识对我们日常的工作来说不可或缺，而且是免费的。

第 三 章

你的身体会讲话

在本章中，我们来看看身体的各个部位是如何以非语言方式进行交流沟通的。你还将学到非语言行为的基本词汇。一旦掌握了这些要点，你就会像突然掌握了一种到目前为止仍然晦涩难懂的语言一样。当你走在街上、坐着开会、与你的老板交谈、在商店排队，或者观看电视新闻发布会或脱口秀时，一个全新的世界将会呈现在你面前。好像同事、邻居甚至国家领导人随意的动作，都可以构成一连串丰富且流畅的信息。

非语言行为的基本词汇

以下就是专家们在评估非语言行为时用到的主要术语。如果你需要完整的非语言行为词汇的资源，可以参考我之前写的《FBI教你读心术》一书。

基准行为

当我在FBI审问犯罪嫌疑人时，我最不想做的就是恐吓他们，或是让他们产生抵触情绪。相反，我想让他们感到自在，给他们喝点东西，并且多多留意他们的舒适度。当他们感到舒服时，我就观察他们的一举一动，从他们走向我的姿态到我们坐在一起时，他们眨眼的频率。为什么呢？因为如果你想知道一个人感到不适时的表现，你必须首先观察他感到舒适时的表现。一旦你将一个人的舒适行为作为基准行为，你就会注意到偏离基准的行为通常暗示着不适。例如，人们通常认为双臂交叉意味着防御，其实并非如此，有可能这个人一贯都是这样站着。我就有一个朋友，经常在交谈时若有所思地交叉双臂，只有当他突然换了姿势的时候，我才感应到他可能觉得不适。

环　境

所有的非语言行为都必须在环境中才能被理解。一个人的女儿生病了或是工作岌岌可危，我们就很容易预料到这个人会表现出压力。害怕失去孩子或害怕被解雇的恐惧增加了背景环境，也解释说明了焦虑或不适的非语言行为。在不太极端的情况下，也必须考虑环境因素：观察一下机场的旅客们脸上充满压力的表情——空中旅行使人感到压力，因为可能会遇到航班取消和空乘人员粗暴的情况。被警察审问也会使人产生压力，事实上，警察穿着制服、戴着徽章就会引起压力，所以我们必须考虑作为环境的一部分的人的因素。家人使我们感到舒服，陌生人使我们感到不舒服。你可以在办公室里看到这种动态变化：

你觉得和同事们在一起舒服，那么从理论上讲，你的领导也会让你觉得舒服；他们都是"家人"。但是当CEO从外地来公司巡视时，簇拥在这个位高权重的陌生人周围的每个人都会感觉紧张。

强调行为

强调行为是非语言行为中的标点符号：我们的身体以这种方式"写"出感叹号。当我们多次愤怒地指向某人，或者在触地得分①后举起手臂庆祝胜利时，我们正在通过强调性的身体非语言姿势发出感叹。强调行为将情感附加在信息上，使其令人记忆深刻。

在工作中，正是通过强调行为，我们才能界定这件事是否重要且值得注意。如果没有强调，谈话往往就会成为单纯的唠叨。有时我们无法回忆起之前所说的话，往往是因为信息是在毫无强调的情况下被传递过来的。而带有情感的信息会被记得更久些。因此，非语言行为有着非常宝贵的价值。强调行为能点燃我们心中的火焰，教练们以此激励运动员在赛场上表现得更加出色。

反重力行为

"情况正在好转"是表达乐观的语言，在非语言行为中也有类似的表达方式。当人们感觉良好时，他们就真的像字面上说的一样"上去了"：他们的非语言动作会朝向天空，这实际上是反重力的。你会看到眉毛挑上去了，下巴抬起来了，大拇指竖起来了，甚至连脚趾都翘起来了。在讲课的休息时间，我经

---

① 橄榄球比赛中的一种得分方式。——译者注

常看到这样的行为：当人们查看手机信息时，如果是好消息，他们的脚趾就会翘起来。在会议室里，双手交叉并竖起拇指也反映了此人心情愉悦。

触觉学

触觉学是指我们如何触摸事物以及事物的触感是怎样的。通过分析触觉，工程师们弄清楚了如何使新手机屏幕或电脑键盘更好地响应你的触碰。触觉学也包括我们如何相互触碰。母亲温柔地抚摸着婴儿的脸就是一种触碰。不久前，我看到一个孩子捧着她父亲的下巴，这个美丽的动作充满了爱意。

我们如何彼此触碰一直是很有意义的研究，在商务场合也一样，当我们在第七章讨论问候的时候，你就会对此有所了解。研究表明，在工作中，信任和同感可以通过触碰产生。触碰越多，交流中产生的同感就越多。扶着客人胳膊的餐厅服务员会得到更多的小费。

意图暗示

通常人们在说出自己的意愿之前，他们的身体语言就表明了他们的意图。这些意图暗示是明显的指示信号，我们应随时注意。如果你正在和你的老板交谈，他的身体稍稍移开远离你，或者你看到他的脚指向门口，就意味着他在发出一个意图暗示，表示他想结束谈话。不要以为你的老板对你有看法，潜意识里他只是在说："我必须得走了。"不管理由是什么，当人们做出这些暗示时，他们都正在寻找空间和时间。当你善解人意地不再叨扰时，他们会感激你的。

身势语

身势语是指身体的动作，特别是我们四肢的动作。有些人分不清身势语与非语言行为。其实非语言行为包含的方面更多：面部表情、声调、眼神、自我触摸、衣着打扮、个人装备等等。身势语这一术语在20世纪70年代和80年代很流行，好几本书都以这一术语作为标题（比如《身势语问讯和审问原则》）。现在，除了研究人员，人们很少使用它了。

微动作

微动作或微表情（这个术语由著名研究者保罗·埃克曼博士提出）是可以透露真情的短暂的非语言行为。因为它们的速度和产生的时间不受意识的控制，所以往往是真实可信的。它们通常与负面情绪或不适有关，能让我们洞悉他人的情绪。有很多微动作，我们在商务场合经常看到的是快速眯眼或下眼睑紧绷。尽管这个动作很细微，却是真正在表达不适。在律师们审查合同的时候，我经常看到这种泄露内心感受的微动作，当他们读到某个令人反感的段落时，就会做出这种微动作。

安抚行为

安抚行为能够安慰我们自己，并试图使我们从不适状态恢复到舒适状态。任何自我触摸、摩擦或轻抱的行为都明显是为了使人镇定下来——比如人们在等待医疗诊断结果时，摆弄他们的结婚戒指或项链。我们可以通过触摸或覆盖住某个脆弱的或暴露的点或区域（搓脖子，托下巴，摆弄耳环或耳垂）来达到安抚的作用。我们一天到晚都在以各种方式安慰自己：认真琢磨问题时搓脑门；见新老板之前调整领带，梳理头发；聚在一起悄悄议论同事突然被解雇时，抱起胳膊护住自己。当我们稍微觉得不安全、紧张或者害怕时，都会做出安抚行为。

在文献中，"抚慰信号"通常被称为"适配器"。在本书中，我们将一直使用术语"抚慰信号"，因为我发现这样说更利于大多数人理解，也因为它能准确地描述安抚行为：抚慰信号是大脑告诉身体"请让我冷静下来，安慰我"的方式。

当一个人压力大、没有安全感、害怕、试图冷静下来、想得到关注或是感到疲倦时，安抚行为就会发生。通过识别抚慰信号，我们能够帮助别人缓解负面情绪，甚至帮助我们自己。

空间关系学

空间关系学是关于人与人之间的距离以及如何利用空间的研究。影响空间关系学的因素包括等级制度（社会方面和经济方面）、文化、环境和个人的舒适程度。当我们感觉到我们的"空间"受到侵犯时，就会产生边缘反应。试想一下，有人在自动取款机旁、在商店结账的队伍里或者在电梯里站得离你特别近，我猜你至少会感到不舒服，更糟糕的是严重干扰了你的注意力。无论你是坐在一桌人中间，还是和来自不同文化的国家的人打招呼，在影响他人方面，注意空间关系都是非常重要却常常被忽视的一点，关系到能否建立舒适感、表达权威或者确立地位。

同步式行为

正如第二章所提到的，同步式行为是身体自然地表现和谐的方式。在商务场合，我们会说我们是处在同一个页面上，或者是同步的。求爱时，我们会和爱人在公园里慢慢地散步。身体的同步式行为表达了思想和心灵的统一。通过向他人传递同步感，我们的生活变得丰富多彩。

有关同步式行为的例子比比皆是，有趣的是，我们高度赞赏同步式行为。在体育运动项目中，我们对双人跳水和花样游泳惊叹不已。2008年北京奥运会开幕式上，数千名鼓手整齐划一的表演使世界为之着迷和惊叹。想想军乐队激动人心的演奏效果，或是阿灵顿国家公墓的无名战士墓和白金汉宫前卫兵换岗的庄严之美。这也是我们要穿校服的原因：视觉同步性将我们聚在一起，成为一个整体。我们甚至还看到，在婚礼上，伴娘们穿着同样的礼服，以此展示她们的团结。统一的服装或同步的行为能创造和谐。

脱离同步性，一切就不再一致，不再和谐。在工作和交友中，缺乏同步性在潜意识层面破坏了我们的感知，破坏了有效的沟通和人际关系的和谐。

领域展示

通过领域展示，我们可以与人交流我们的空间需求，以及我们如何从社会甚至情感的角度看待自己。在每种文化中，地位更高的人都会被赋予更大的空间，被分配更多的财富，也要求获得更多的领土。当克里斯托弗·哥伦布在伊莎贝拉女王面前为他的美洲航行请求资金支持时，他距离女王的宝座只有几码远。征服者们到达现在的墨西哥后，发现这里的领域要求是完全相同的：在这个新世界中，空间领域也是属于王室的。

在今天的世界，领域展示随处可见，从温布尔登的皇家包厢到总统车队的汽车数量，再到交通高峰期伸着胳膊和腿占着两个座位的地铁乘客。在商务场合，领域展示可能是通过某间位于角落的办公室、一张大桌子或是一只胳膊搭在两把椅子上来实现的。地位越高（无论是实际的还是潜在的），需要（或要求）的空间就越多。

身体发出的非语言信息

你可能会惊讶地发现，当你试图判断别人的想法或感受时，往往最后才会去观察他的脸。自打童年起，我们就被社会同化以控制自己的面部表情，以此获得喜爱、保护和奖励。这并不意味着脸上不能展现人们的感情，但身体发出的信息确实可能与我们在脸上看到的信息相矛盾。非语言智慧专家了解这一点，对身体各部分所表达的非语言信息都给予同等程度的关注，我们将在本节中进行讨论。我还将对非语言线索进行解释，你可以通过观察人们如何搭配服装和配饰来发现它们。

腿和脚

提到感情和意图，脚其实是很诚实的，因此我总是先讨论脚。在远古时代，腿和脚能确保我们的生存，帮助我们逃离捕食者，或是踢踹敌人。没有腿和脚，我们人类这个物种就不能打猎、收割、迁徙、交配或舞蹈。一个人是否自信满满、卖弄风情、快乐、紧张、受到威胁、害羞或者想要离开——甚至想走哪条路，腿和脚都会告诉我们。

腿和脚的抖动

我们都见过也做过这样的事：在学校里，在会议上，或者约会时，身体虽然端坐着，腿或脚却一晃一晃的。这是什么意思呢？一个人一直安静地坐着，脚或腿却在抖动，就意味着某种不适。它可能意味着不耐烦或是想要使事情有所进展。这个人可能在考虑结束讨论，或者暗示想要休息，这样每个人都能舒展一下腿。连棒球球迷都能在第七局的时候获得放松休息的时间。

谈话时，腿脚开始抖动可能表示对方对谈话的主题感到不适，特别是当你同时还看到对方下巴的肌肉在收紧的时候。好好把控一下，想想可能引起这些变化的原因。

另外，抖动也可能表明人们在对好消息做出回应——我称它为"快乐之脚"。我和职业扑克牌选手一起工作时，见过很多"快乐之脚"的例子，获胜时，牌手脸上的表情依然冷漠，但桌下的手晃动起来。当我们很高兴的时候，会情不自禁地舞动或跳上跳下，就如同我最近看到的塞雷娜·威廉姆斯赢得网球锦标赛冠军之后的样子，她简直高兴得跳了起来。

有些人天生就容易紧张，这些动作就是他们的底线。当他们感到不适时，运动的速度会发生变化，或者突然停下来（不动）或反应剧烈（战斗）。

如果抖动变成了踢——脚踢上踢下——就表明对所发生的事情产生了非常负面的反应，想要把它踢远一点。还要注意的是，脚踝反复向侧面弯曲表示高度紧张、愤怒或焦躁。

重复性的动作往往能够起到舒缓和安抚的作用，但如果过分执着于这些动作，就会演变成神经抽搐，或者是强迫症。反复洗手是一种心理安慰的行为，但强迫性地反复洗手就成了一种具有损伤性的疾病。

脚的"指向"

如果你的同事变换了姿势，一只或两只脚都指向别处（见图1），这就是一个强烈的意图暗示，表明他想离开。也许是这次讨论使他觉得不舒服，或者他开会要迟到了。总之，巧妙地结束谈话。我曾注意到工人们向经理汇报工作时，他们的脚转向别处（轻微地转动臀部），这就表明他们要么就是想离开，要么就是宁愿不在场。

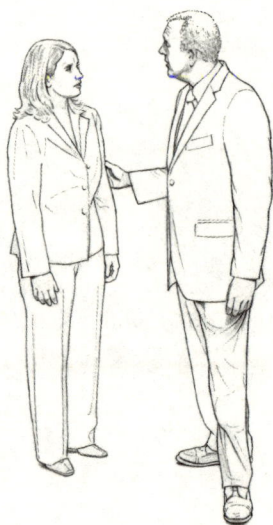

图1　一个人要走的时候，他的一只脚就会指向他要去的方向。在谈话的时候，你可以观察一下这一点，它准确地反映出对方的意图："我得走了。"

反重力的脚

如前所述，反重力行为在很大程度上反映了满足或快乐。观察一下你的老板接到一个重要电话时的状态——如果生意谈成了，你就会看到他趾高气扬地跳着走出办公室。打电话的人如果交谈愉快或者心情特别好，常常会翘起脚趾。

有关非语言交流的书籍中很少提到脚，然而脚上隐藏着很多大脑想法的信息。我被派驻纽约时，一个以前的同学让我看了一盘有关黑道人物的录像带，最突出的一点就是，当得到酬劳时，这些人走路的步伐中会夹杂着小弹跳。不用太久，我们就能够从一个人走路的方式中判断出这个人今天过得是否愉快。

发令员姿势

"发令员姿势"（见图2）是一种反重力的姿势，坐着的人一只脚向前移动，另一只脚向后，将身体的重量转移到前脚掌上。你可能会猜测这个姿势意味着人们对面前的事情很感兴趣（"多跟我说点，我对你所说的事很感兴趣！"）。然而，事实正相反，这个姿势往往意味着我们要走了。如果你正在和一个比你年长的人交谈，他做出了发令员姿势，那你最好问问他有什么需要，或者直接巧妙地结束谈话，因为他可能还要去别的地方。

图2 在"发令员姿势"中，膝盖和脚绷紧表明这个人准备离开

腿部张开

腿部张开是一种领域展示，它意味着"这里归我管"或者"这里是我的地盘，我并不害怕"。当我们需要看起来更强大时，大脑边缘系统就会促使我们表现出放肆的态度。你经常能看到经理们有这种行为，当然警察也有这种行为，他们往往叉开双腿，作为权威和统辖的标志。张开腿坐着或站着是一种展示强烈信心的行为，代表着权威、统治或威胁，这取决于不同的环境。为了有效地缓和紧张局面，请检查一下是否有人张着腿。一个快速缓和紧张局面的方法就是把你的腿并紧，别想着占地盘。

双腿交叉

交叉双腿站着代表舒适和放松。在这种姿势下，你不能逃跑或战斗，所以在受到威胁时，大脑边缘系统会禁止我们做出这种姿势。我们看到，同事之间集思广益时，会交叉双腿；或者朋友站在一起进行深入的聊天时，他们的双腿会在脚踝处交叉。你可以通过模仿别人交叉双腿的行为来增进舒适的氛围。

如果你和同伴并排坐着，同伴的腿交叉的方向往往隐含着许多信息。如果你们相处得很好，那么对方压在上面的那条腿就会指向你。如果你们之间的谈话引起了负面反应，对方就会将腿反向交叉，这样腿就成为你们之间的障碍（见图3和图4）。如果你以前没有注意到这一点，那就观察一下你正在打交道的人，注意他们是如何通过变换双腿来加强沟通的。

图3　将腿交叉作为身体的屏障，尤其是在谈话不顺利时，这种姿势就会立刻出现

图4　把膝盖挪开，将另一条腿换到上面，以此消除两个人之间的障碍，
表示对方对你敞开心扉以及感觉舒服

卡住脚

脚踝交叉，把脚紧紧卡住，或者弯曲脚踝，把脚缠在椅子腿上，这是一种

表示担忧或焦虑的不动行为。谈话中，对方突然卡住脚，很可能是发生了一些消极的事情。许多女性被教导坐着的时候要交叉脚踝，但长时间的紧绷的脚踝交叉或者其他使腿部受限的动作则表示强烈的警告。某人在回应问题时突然卡住脚踝，这种行为最能说明问题。

抚摸大腿

抚摸大腿或者用手摩擦大腿（见图5）是一种我们在很多场合都可以看到的安抚行为：派对上，客人坐在那里一边抚摸着大腿，一边扫视人群，寻找聊天的对象。绩效考核结果不太好的员工会通过抚摸大腿来缓解焦虑。管理者试图解决预算问题时，可能会通过抚摸大腿来保持专注和冷静。人们在巨大的压力下，或是面对灾难性的消息时，经常会反复地抚摸大腿，他们并没有意识到自己常常这样做。

图5　抚摸大腿（手掌在膝盖上摩擦）可以安抚我们的焦虑或者缓解压力

躯 干

想象一下：过马路的时候，一辆汽车闯了红灯向你飞驰而来。你僵住了，根本没有时间避让，你准备好被撞。

读到这里时，你的身体"想"做什么？也许你感觉到你的躯干在躲避、蜷起，或者转身让自己的后背面对危险，以试图保护脆弱的身体正面。你的边缘系统开始启动。

躯干简直是我们的"软肋"——这是一个装着我们身体的重要器官的非常脆弱的区域，包括心脏、肺、胃和生殖器官。所有的动物都会保护这个区域：你挠猫咪的肚子时，实际上是模仿了攻击性的食肉动物，这时猫咪会蜷缩身体并挥动后爪，试图保护自己的肚子，同时攻击"敌人"。

与其他哺乳动物相比，人类的弱点会暴露得更明显，因为我们直立行走。因此躯干或腹部（身体正面）的动作很大程度上受边缘系统支配，从而表明我们的舒适程度。

腹部面对和腹部抗拒

旅行中，我总是喜欢观察人们问候亲人的样子：温暖拥抱前，他们的身体向前倾，双臂张开，躯干完全暴露。这是一个我称为"腹部面对"的完美例子。当我们觉得某些事是积极的时，我们会将躯干转向带来好心情的事物，真正敞开胸怀，表现出脆弱和信任。腹部面对也是表示尊重的一种简单而有力的方式。如果你曾经尝试过和背对你的人交谈，就会知道这种受到侮辱的感觉。这就是我们总听到有人说"不要背对着我！"的原因。

因此就产生了"腹部抗拒"：面对使我们感到不舒服的东西时，我们会转过身去。这相当微妙——我称之为"叶片"，它会逐渐转动以示对抗，一点点削弱我们的兴趣——表明我们的边缘系统正警惕地保护我们的身体。我创造了这些术语来表述腹部的方向对于构建良好关系的重要性。

会议室和办公室里随处可见的转椅使我们不仅能够做出腹部面对和腹部抗拒的动作，还能观察到腹部暴露程度的变化，以便时时刻刻迅速做出反应。用双倍的速度观看一下会议室里的"影像"，你会发现腹部面对和腹部抗拒能准确地反映出我们交流时的感觉。如果你想对你的老板在会议上所说的话表现出兴趣，不要只是把头转向她，你要使你的身体转向前方并微微前倾。

躯干前倾、防护和弯腰

面对感兴趣的事，我们的身体会前倾；面对厌恶的事，身体会远离。这些反应十分真实可靠，真是令人吃惊。你可以在鸡尾酒会、家庭聚会上或者开会的时候花些时间观察这种舞蹈般的嗜同神经行为——源自我们婴儿时期与父母互动的早期经历——就好像我们是因为受到吸引才接近或远离刺激。

躯干防护可以很清楚地告诉我们他人的舒适程度。它和手臂突然在胸前交叉（手臂上的手指抓得越紧，表明这个人越不适）一样明显，也和男人慢悠悠地调整领带，以使手臂护住胸部一样微妙。系夹克衫纽扣这个动作可能是一种躯干防护，也可能是表示对某个人或某个场合的尊重，根据具体环境而定。调整衬衣袖口或者摆弄手表也是一种自我防护的方式，可以减少焦虑。目前这种自我防护行为的最新表现方式是看手机，这会让你看上去很忙。

在亚洲文化中，人们习惯于鞠躬以示尊敬。虽然西方人通常觉得鞠躬不舒服，但它自古有之，即使是在西方社会（宫廷），也是一种表示尊敬的方式。在日益国际化的经济环境中，当你和亚洲人打交道时，如果你能习惯于稍微弯曲身体，也就是鞠躬，你就会从中获益。前不久，我在纽约的一家餐厅吃午饭，观察到有一位女士走进来，和她的同伴——一位坐在餐桌旁的亚洲女士打招呼。她和同伴热情地握手，身体和头部都自然地向前倾——这是一个快速而真诚的鞠躬，显然给人留下了良好的印象。和她相约吃午饭的女士立即就将腹部朝向她，她们一边笑着说话，一边坐了下来。承认其他民族的文化是表达尊重的一个显著标志。

耸肩与伸展

如果你让货运经理解释一下货物为什么没有准时到达，他耸了耸肩，说"我不知道"，那么只要稍微试探一下，你就会发现他知道的比他说出来的要多很多。人们在实打实地耸肩时，两只肩膀都会向反重力的方向快速而有力地竖起，表示对自己的回答很有信心（见图6和图7）。

图6　一只肩膀耸起表明这个人缺乏责任心，不可靠

图7　两只肩膀都耸起通常表示"我不知道"。
如果只有一侧的肩膀耸起，那么传达消息的人是不可信的

　　躯干和胳膊向外展开，尤其是腿部也伸展开（见图8和图9），需要在具体环境中去理解。这个动作通常表示舒适，当你和同伴轻松地谈话时，身体伸展开没什么问题，但这个动作也表示一种强烈的领域展示，在商务场合必须谨慎使用。一般来说，只有位高权重的人会在商务场合伸展身体，如同约定俗成一样，地位高的人会占有更多的地盘。任何时候，尤其当你是一个新员工时，不仅要保持机敏，还要保持你的手肘、手臂、腿和躯干恭敬地下垂或直立，朝向正确的方向：朝向你的老板。

图8　身体伸展开是一种领域展示，在你自己的地盘上做出这个姿势是可以被接受的，但是不可以在别人的地盘上这样做（比如在老板的办公室里或者在求职面试时）

图9　手臂伸展开搭到旁边的椅子上，甚至绕过旁人，表示你觉得很自在、很自信

手臂、手和手指

下次你经过建筑工地时，去看看挖掘机和推土机，注意一下铰链、滑轮、

缆绳和杠杆的一连串组合动作，它们大致完美地再现了我们的手臂在我们每一次提起公文包、把杂货摆放好、演奏乐器或者摇晃摇篮中的孩子时的运动——这时你就会开始欣赏人类手臂动作的复杂、灵活和优美。

我们的手臂和手曾经是我们的前腿和前脚，用来保护自己以及移动。从边缘系统的角度看，手臂和手非常诚实，尤其是当它们负责保护我们脆弱的躯干时。在一场十分钟的橄榄球比赛中，我们可以看到我们的手臂和手做出的无数次防守和进攻的动作，从阻止、推、抓到力大无比的托举和投掷，也会看到高举起来的表示胜利的拳头，还有庆祝触地得分时的击掌，以及失败后身体收缩的不动行为，比如肩膀下沉，胳膊下垂。

作为一个优雅的系统，我们的手和手指从手臂末端向外延伸，使外部世界被我们掌控。同时手和手指也很善于表达我们内心的状态：指尖轻如羽毛般的触碰就可以传达好奇、敬畏或者崇拜。鉴于我们的手臂、手和手指的交流范围十分广泛，我总是建议人们多花时间研究这些部位的动作，在试图理解之前，先弄清楚他人的非语言行为底线。

文化习俗对我们如何使用手和手臂有很大的影响。如果你去地中海地区的国家旅行，你就会明白我所说的意思。对当地人来说，手非常具有表现力，有数不清的手势，代表的意思也多种多样。然而，边缘反应是一样的。

自信与手臂的强势表现

双手叉腰——手牢牢地叉在腰部，大拇指朝后，手肘伸向两侧，是一个明显的表现强势的动作。执法人员、军人、安保人员以及家长常做这个动作，我母亲就喜欢在我回家晚的时候用这个动作迎接我。它传达的信息是："我很有意见"或者"我不会退让"。

作为必要的规则，女人可以通过双手叉腰来对抗男人做出的微妙的非语言强势行为，因为这是一个强有力的姿势。你要确保大拇指位于腰的后部，如果它们被置于腰前，那么相比于强势表现，这个姿势更多的是表示询问（见图10和图11）。

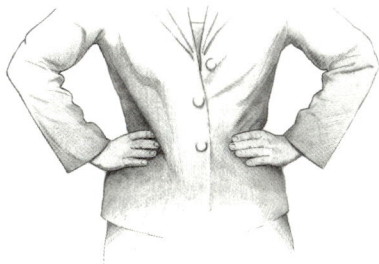

图10　双手叉腰是一种领域展示，通常用来表示出现了问题。注意图中拇指的位置

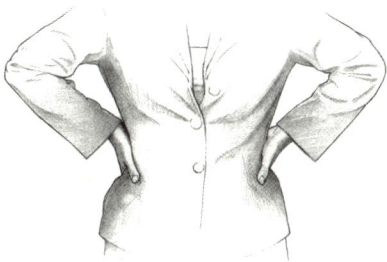

图11　和图10相比，将拇指置于腰前，这个姿势少了一些权威感，更多的是表现好奇。这个
　　　姿势会让人显得不那么爱发号施令，在与他人打交道时，有助于缓和紧张局势

想想"兜头"（见图12）的动作：手指交叉放在后脑勺上，身子通常向后仰。这种行为随处可见，从非正式的社交聚会场合到办公室交谈场合。和身体伸展开一样，兜头也表示自信与领域展示：想想眼镜蛇将身体向后仰，使自己更高，更占优势。在同伴面前这么做无妨，但在老板面前别这么做，只有老板才能这么做。事实上，如果你的老板进来的时候，你正兜着头，你会下意识地

马上换个姿势。

图12　双手交叉置于脑后，这个动作强烈地表明你很舒适，很占优势。
然而，在和前辈开会的时候，人们基本不会做这个动作

　　与兜头类似的是利用桌子这样的平面做出领域展示的动作。下次有人摆出强势的姿势控制你时——双臂向外张开，手指伸展压在桌子上（见图13）——看看你自己的身体反应是怎样的。这个姿势特别简单，但非常有意义，能表达出一连串信息，这取决于环境和其他可见的非语言行为。从好的方面来说，这是一种自信的表现："我知道我在做什么。"同时它也是一种领域展示，因为伸展着的手臂侵犯了他人的空间，好像在说："这里归我管。"它还是一种强势表现："你给我听着。"最后，如果再加上身体的倾斜，它就变成了一种威胁表现，使人显得更高大、更强壮。

图13：手指伸展开并紧紧地压在平面上，毫无疑问，这是表现自信和权威的领域展示

　　有些人会把他们的物品全都摊开，比如将文件、水瓶、笔记本和电子设备摆满会议桌。我们在这里再次评估情境里的这种行为：它反映了对熟悉环境的舒适感？它代表权威，还是只是试图给人一种权威的印象？大多数人都不喜欢自己桌子上的"地盘"被占，哪怕一点点也不行。注意一下你自己的空间和物品，也注意一下别人的。如果事先没有征得别人同意，不要把你的东西放在别人的桌子上。并且，不管你要做什么，都不要坐在别人的桌子上。

收回手臂

　　一个人收回手臂——通常双手在背后握紧——表示希望和你保持距离。这个动作通常被称为"王者姿态"，意味着"别过来，别碰我"，也表示"我比你地位高"。王室成员走在平民中，或者大学教授在教室里踱步时，经常会做出这个动作。我们确实很少看到蓝领工人们这样做。

　　这种非语言行为也可能表示这个人正在分析信息，心不在焉。这时你需要和他保持一定的距离，以示尊重，并寻找表明你可以接近的迹象。如果没有这种迹象，就不要接近他。有人表明希望独处，那我们就要始终尊重他们对空间和隔离的需要。

手：重要的第一印象

从适者生存的角度来讲，我们更适应于移动（定向反射）。聪明的人类利用手改善生活（喂养牲畜、搬运东西、抚养孩子），也给人造成致命伤害（打人、挖眼睛、杀人），所以我们进化出密切关注不断移动的手的能力。因为我们能从手上获得很多线索以保证自身的安全，所以我们对手的第一印象会影响我们对手的主人的看法。

请保持双手干净。我们本能地想要和健康的、看起来健壮的人结成同盟。双手应该展现出我们健康的状态：手应该是干净的（对男性来说，指甲里也应是干净的），皮肤和指甲盖上没有脏物，并且指甲没有不齐整或者被咬过的痕迹，否则会给人一种不安全感。

对与健康相关的职业（医生及其他卫生保健人员）、食品行业（餐厅服务员）和金融行业（银行、资产管理）来说，手部的清洁干净尤为重要。售货员在展示商品时，应该意识到自己的手发挥着很大的作用。我知道珠宝商一直将手保养得很好，并且经常小心翼翼地洗手，因为他们意识到自己的手是向顾客展示贵重珠宝的一个平台。根据反复调查，没有什么比男人留长指甲更令人恶心的，男人的指甲应该短，而且未经修饰。

如果你是一位喜欢美甲的女性，那么你需要使指甲保持适中的长度：这是指甲，不是爪子。在商务场合，不宜留过长的指甲，这不是我个人的观点，焦点小组也表示，不管男女，留长指甲都令人难以接受。

请保证你的手能被看见。记住，我们会受边缘系统的控制来评估双手的意图。安全人员已经把这种意识提高到一个高度：我从FBI退休好几年了，可直到今天为止，我仍然会留意接近我的人的手。因为执法人员清楚地知道，只有手能够伤害你。（顺便说一句，如果你被警察要求靠边停车，请立即把车窗摇下来，将双手放在方向盘上。警察们看到后会很满意，这可能会让你免于被开罚单。）

我告诉企业高管们，要让他们的手为他们工作起来。在特殊情况下（比如表示同情和理解时），请让你的手保持安静。但是在大多数情况下，需要让手工作起来。一个人如果不使用手或是把手藏起来，就不容易像使用手的人一样被他人接受。有感染力的演说家都受过训练，用他们的双手抓住注意力、强调要点、传达令人难忘的感情和思想。

如果你要管理员工或推销产品，那么请学会将手臂和手作为传递信息的象征；作为支撑思想的框架；作为调节声音节奏的指挥棒；作为表现同情的软垫；作为力量的标志；如果需要，还可作为谦逊的公告牌。

在私人场合，镜像反射同伴的手部动作可以建立舒适和信任。记住，这种同步式行为一定要协调。还要注意触碰的合适位置，因为在商务场合，很多时候触碰是非常合适的：强调某一点时、引起注意时、插话时、协助别人登台时、祝贺时。如果这个触碰是恰当的，并且能够起到加强沟通的作用，那它就是正确的。

关于手臂和手，还需要说明的是：注意指向。人们不喜欢被人用手指指着，而且在某些文化中，指着别人被认为是非常无礼的——所以当有疑问时，不要指着别人。聪明的做法是整只手向垂直方向指，或者最好是掌心向上：这样做同样能引起注意，却会让人感觉更温暖。

表现高度信心的手部动作

指尖相抵成塔形（见图14）能够表现强烈的信心。律师、法官、大学教授和公司高管经常会指尖相抵（无论是脾性如此还是训练使然），表明他们对自己的讲话、想法或立场充满信心。指尖相抵通常是潜意识的动作，但它很普遍，而且非常重要。指尖相抵表明你对自己以及自己的观点和想法都很满意。

图14　指尖相抵表示有信心和注意力集中。
这是我们用信心征服别人的极有力的表现方式之一

人们之所以指尖相抵，有一个很好的原因：它会放大你传达的信息。如果你在做专题研讨，或者在众人面前讲话，或者做报告演示，指尖相抵能在适当的时候让别人知道你对自己的发言很有信心。很多年前，有人说演讲者不应该做出指尖相抵的动作。快忘了这个说法吧。我们希望这种行为能告诉我们，人们在什么时候真的相信自己所讲的。

顺便说一句，我发现指尖相抵并没有被女性充分利用，她们可以用这个动作来使自己获得与男同事平等的人际关系。当证人指尖相抵时，陪审员往往对他们的证词有更多的信任。在某种程度上，指尖相抵与双手紧握恰恰相反，双手紧握往往表达的是"我有疑问"或者"我没有信心"。

当大拇指"向上"或"向外"时，状态是最好的。手指交叉，大拇指向上（见图15），表示充满信心。留意一下，医生或身居高位之人说话的时候，经常会把拇指从口袋里伸出来。而当我们把拇指藏起来的时候（试试看：把拇指放在口袋里，其他手指伸出来），传达出来的信息就大不一样了，我们看起来就会显得不可靠（见图16）。在求职或者当领导时，不要把大拇指藏起来，这会破坏你的可信度。在会议上，观察一下人们放在桌子上的手。当人们觉得不安全时，大拇指往往会藏在其他手指下面（见图17）。

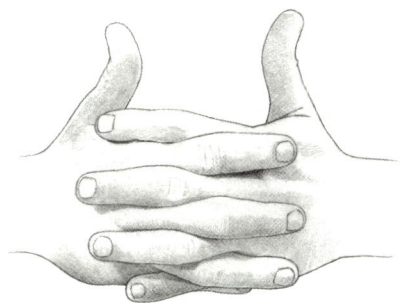

图15　拇指向上，这个动作就像其他反重力姿势一样，表明我们此刻充满信心

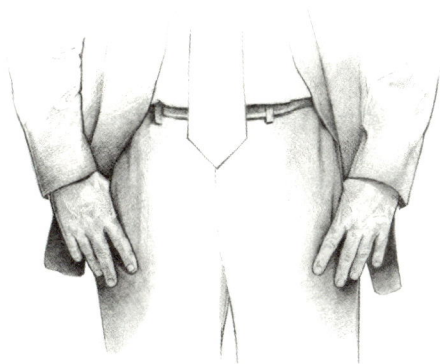

图16　不要把拇指放在口袋里，这会让你看起来不可靠

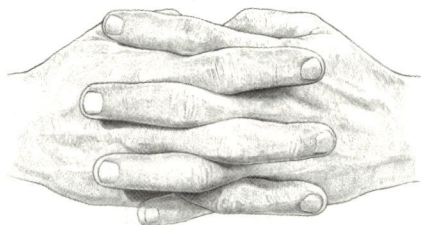

图17　在谈话过程中往往能见到这个动作，拇指向下表明缺乏信心或者没有重点

表现信心不足的安抚性手部动作

　　人们会通过各种手部摩擦动作表现信心不足，或是减轻压力，包括摩擦手掌或者一只手的手指抵着另一只手的手掌摩擦（见图18）。这些动作的速度和轻重受边缘系统觉醒程度的控制。摩擦的时候，手指会聚拢在一起，这样手就握起来了——我们都认为这表示深深的、近乎虔诚的关切（见图19）。

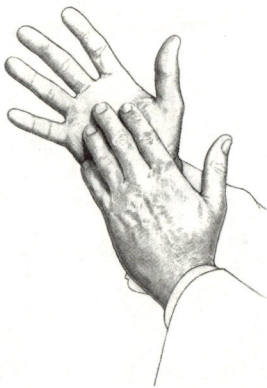

图18　用手指来回抚摸手掌，或者双手摩擦，可以缓解焦虑和紧张

图19　双手交叉紧握通常表示担忧、关切或焦虑

手指伸直交叉来回摩擦（见图20），是我见过的缓解压力或自我安慰的最极端的方式。通常只有当一个人有很大的精神压力或强烈的不安全感时，我们才能见到这种行为。我发现这个动作能非常准确地表现亟待缓解的紧张感，它传达的信息是："我非常担心，非常疑虑。"

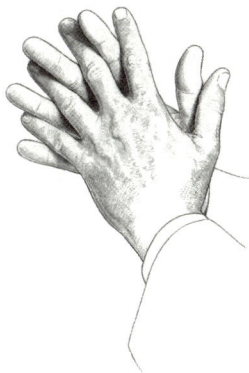

图20　手指伸开，相互交叉摩擦，表明高度的焦虑、不适或压力感

注意手部动作的变化，它标志着边缘意识发生了变化，比如一个人的手从放松和安静的状态变成了摩擦或紧握。相反，手"定住"，突然停止动作，手部活动被限制，或者收回手藏起来，这些反应都表明手的主人对正在发生的事情感到信心不足或是感觉不适。

我在FBI审讯时，会专注观察从我的视野中消失的手——特别是受审者把手压在身下坐着的时候。限制手的活动是表达高度不适的一个很好的信号，我们经常看到有人说谎或做错了事被抓时做出这一动作。把手压在身下坐着通常能缓解不安全感，因为这个动作迫使肩膀向耳朵的方向耸起，这是信心不足和没有安全感时的一种保护性表现。

触碰：一个敏感的话题

我们已经谈了如何用手来安慰自己，手也能使我们真正地与他人联系在一起。研究表明，触碰对健康而言是必不可少的，它能降低心率，减少焦虑，延长寿命，并促进关系的建立。当我们触碰时，身体会分泌内啡肽，特别是后叶催产素，它能够促进关系的建立（首先在父母和孩子之间，然后在兄弟姐妹之间，后来在伴侣之间）。研究人员发现，触碰对孩子来说是至关重要的，尤其有利于培养他们的社交能力和提高他们的智商。没有受到过触碰的孩子在情感上和智力上都会不及他人。当然，随着年岁渐长，我们并非不再需要身体接触，它是我们一生的需求。

我认为有礼貌的、恰当的触碰在商务场合发挥着一定的作用。如同所有的非语言行为一样，触碰的关键在于了解他人的舒适程度、社交准则和背景环境。我的朋友知道我天生喜欢和人拥抱，但我也知道很多人不喜欢亲密的身体接触。非语言智慧的任务之一就是了解和尊重人们对距离和接触的个人需求。你可以去养老院看看，在那里，你会看到老年人对接触和触碰的巨大需求，这就是治疗犬会变得如此重要的原因。

有鉴于此，我们需要认识在商务场合什么样的触碰是恰当的，男性员工和女性员工之间，什么样的触碰是正当的，以及什么样的触碰可以被不同的文化所接受。例如，abrazo①就是指拉丁美洲男性之间普遍的互相拥抱，拥抱时，他们的胸膛相贴，胳膊环绕住对方的后背。

请用你的观察力来评估触碰的舒适程度。有疑问时，要谨慎行事。正如我在《FBI教你读心术》一书中提到的，见到陌生人时，让对方的边缘系统产生舒适感的一个很好的非接触方法就是：手臂放松（"我很平静"），暴露腹部（"我相信你"），如果可以，使手掌可见（"我不会伤害你"）。握手后，稍微向侧后方退一小步，看看会发生什么。对方靠近你或远离你，都能表明他们的空间需求。关于握手的知识，详见第七章。

我希望随着非语言智慧在商界应用的不断增加，我们能学会如何运用触碰，使其发挥应有的作用——促进积极关系的建立——而不是将其作为一种威胁或侵占的手段。触碰有自己的一席之地，全世界都在运用这种非语言交流方式。只要目的正确，它就会发挥自己的作用：增进交流。

头部、脸部和脖子

如果我们多留心自己看到的事物，就能够非常敏锐并准确地解读面部表情。甚至婴儿也能识别面部表情：在婴儿面前做鬼脸，婴儿会哭。为了物种的生存延续，解读面部表情的能力在建立合作关系、传递重要信息和团结起来抵抗危险等方面至关重要。人类脸上的肌肉错综分布，能用几千种表情实时表达感受、想法和情感。通过面部肌肉几乎无限制的运动变化和运动组合，我们能

---

　① 西班牙语，意为"拥抱"。——译者注

够在几秒钟内传达出一系列令人印象深刻的非语言信息。

严格来讲，因为面部表情在人类互动中很重要，所以我们很早就学会了如何使真实的情感不表现在脸上。由于这个原因，也由于面部表情如此多样和微妙，关注微表情，并且结合我们之前讨论过的身体其他部位的非语言行为——反应敏捷的躯干、有表现力的手臂和手以及"诚实"的脚——评估面部表情就变得尤为重要。

另一个相关的问题是"混合信号原则"：当某人的面部表情和他的言谈不相符时，或者如果你在对方脸上发现了相互矛盾的舒适与不适的信号，那么你要先注意不适的信号。原因就是：潜意识里的边缘反应总是比有意识的语言反应更快、更可靠。同理，表达不适的非语言行为也比愉悦的表情更真实可靠。人们常常在表达真实的感受后，勉强"摆出一张笑脸"。不管他们说什么，他们脸上闪现的厌恶、轻蔑、失望或冷漠的表情都会准确地为人所察觉。

头部和脖子

只有当我们感到很舒服的时候，我们的头才会倾斜，特别是在其他人身边的时候（见图21）。倾斜头部会暴露出颈部，这是我们身体中最脆弱的部位（空气、食物、血液的通道，以及神经都集中在这里）。我常说，当我们焦虑、害怕或者面对不喜欢或不认识的人时，几乎不可能歪着脑袋。不信就试试看。这就是你渴望在商务场合看到别人歪着头的原因，这表示别人对你的热情接受。

图21　歪着头能有效地促进沟通，表示"我听着呢，我很自在，我接纳你，我很友好"。
在友好的个人和环境面前，我们会暴露出我们的脖子

　　还要注意触摸颈部区域的动作，因为这是一个清晰地表示自我安抚的姿势，具有重要意义（见图22）。盖住部分颈部或颈窝部位（胸骨上切迹，见图23）是一个非常明确的响应刺激的反应，大脑边缘系统认为这种刺激是不寻常和需要注意的。我们通常只在受到干扰、威胁、迷惑，感受到潜在威胁或者——无论什么原因——感到不安全的时候，触摸我们的脖子。从生物学上讲，这很有道理，因为脖子是我们身体最脆弱的部位。

图22　触摸脖子是一个准确的信号，表明不适、疑虑或缺乏安全感

图23　触摸或覆盖住颈窝（胸骨上切迹）表明不安全感、不适、恐惧或关切

　　眉头皱起是一种常见的非语言行为，如何解读它取决于当时的背景环境。例如，它可以表示专心、关心、困惑、悲伤或愤怒。如果这个人皱起眉头，接着就开始摸头，通常就表示有麻烦了。

　　如同其他部位（如脚趾、手臂、手指）"向上"的非语言动作一样，抬起下巴也是反重力姿势，意味着充满信心——人们甚至往往把它和势利联系在一起，就像在"轻视别人"。抬起下巴这个动作在欧洲特别流行，它还是俄罗斯军队表演时的一种必要的礼节。

收起下巴减少颈部的暴露，类似于海龟察觉到威胁时缩回到龟壳中。收起下巴表示我们缺乏信心。

阻挡视线、眨眼、眯眼以及其他保持距离的行为

眼睛是我们了解周围世界的最好的信息渠道，从某种程度上说，世界都在我们眼中——但不是以你想象的方式。每当我们看到、听到或发现令人厌恶或可怕的东西时，我们就会遮住眼睛，可能是眼睑快速地轻触，也可能是戏剧化地把脸埋在手中。

阻挡视线的行为是一种条件反射，而且普遍存在，以至于这种非语言行为很容易被忽视，这是自相矛盾的。对人类来说，这一行为深入骨髓，即使是先天失明的儿童，在听到自己不喜欢的事物时，也常常会遮住眼睛。这意味着它在我们头脑中是固有的。如果你观察到了阻挡视线的行为（见图24、25、26、27），请搞清楚在它之前发生了什么事——这些事通常是有问题的。

图24　阻挡视线立即传递出的信息是："我不喜欢刚才听到的、看到的或学到的东西。"

图25　谈话时触摸眼睛可能表明需要缓解负面情绪

图26　眼睛迟迟不睁开暗示隐藏着消极的情绪

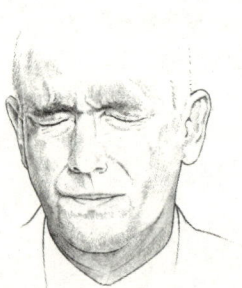

图27　紧闭双眼实实在在地表明强烈的负面情绪或损失

　　同样，当我们遇到困难时，眨眼的频率也会受到边缘系统的控制。不管是因为感觉到不适，还是收到令人讨厌的信息，或是说出让人不愉快的信息，只要我们有困难的时候，眨眼的频率就会变快。这是一个非常明显的表现不适的信号。你可能会在以下情况下注意到这个动作：一个人在做演讲时感到紧张；一个同事不喜欢其他同事讲低级笑话；一个公众人物在新闻发布会上被问到一个尖锐问题；你试图表达一个想法。不要忽视这个非语言行为，在人际交往中，想要准确找到值得关注的问题，这个动作可以说是非常可信和实用的。

　　眨眼频率变快的另一种表现是眼睑颤动，这种情况常见于口吃的人，当他们努力想说什么，或是犯了一个可怕的错误时，就会这样。突然被询问信息的人和那些试图组织恰当的语言的人也会这样。我不会把它与欺骗直接联系在一起，因为每个人在正常的环境下都会这么做。

　　虽然快速眨眼与欺骗没有直接关系，但它能引起怀疑。我曾经和一位助理律师一起参加一桩间谍案的审判，那位律师刚刚换了新的隐形眼镜，他眨眼的频率不正常，我看得出陪审员正狐疑地看着他。我建议他"事先"把隐形眼镜的事告诉陪审团，以消除眨眼频率可能引起的不信任。当他在开场白中对陪审团表示欢迎时，他说道："如果你们看到我眨眼很频繁，那是因为我换了新的隐形眼镜。"陪审团成员明显放松了，点头表示赞同与理解。

　　眯眼也是一种常见且明显的阻挡行为。我们眯着眼避开令人不愉快的事物——灰尘、阳光、混乱、一个我们不喜欢的谈判点，或是牙医告诉我们需要进行根管治疗，又或是看到讨厌的人。眯眼可能会在很短的时间内出现和消失，也可能会在不适的时候（吵闹的音乐，尖叫的孩子）一直持续。如果眯眼的同时伴随着眉毛下拉（见图28），非语言行为传递的信息就得到了强化。如同眨眼一样，眯眼也是不可忽视的非语言行为。

图28　眯着眼睛，同时皱着眉头，这种扭曲的面部表情表明压力和不适

不论是暴露在积极的还是消极的刺激（可能是明亮的光、坏消息、令人不安的想法，或是我们所爱之人的面庞）前，眼睛本身都会做出反应——以瞳孔扩张和收缩的方式。当瞳孔扩大以接收更多的光线来帮助大脑分析我们所看到的事物时，如果此刻刺激被判断为消极的，那么瞳孔就会收缩，以便让我们能够清楚地看到"威胁"，从而逃跑或战斗。

因为瞳孔可以在毫秒内发生变化，而且有些眼睛的颜色也使它们不易被看清，所以瞳孔反应很难被辨别出来。但正是这种精确的变化，以及我们无法控制瞳孔运动的事实，使得这种非语言行为成为反映我们内心状态的一个显著的晴雨表。

眼睛看向一边，同时伴随着头向一边倾斜，就是侧目。它表示某种程度的怀疑或不信任。下次开会有人讲话的时候，你扫视一下桌子周围的人，可能就会发现这种非语言行为"告诉"你的信息可比几张面孔显露的信息多。

眼睛的积极表现

提到情侣，人们常说："他们不能把目光从对方身上移开。"这样说真的没错：注视对方的眼睛就是求爱时的固有表现。现在你知道了，我们的瞳孔会放大以接纳吸引我们的事物，所以情侣长时间地凝视对方不足为奇。但我们确实也会"关注"我们不信任的人和事。只有当我们真正对彼此放松的时候，我们才能自由地做出边缘反应。

自然舒适的注视是指眼睛周围的肌肉放松，眼珠自由移动，既不紧盯着，也不迅速移动视线。

挑眉也是一种反重力的非语言动作，挑眉的同时，眼睛会睁大，实际上是在帮助我们接收更多的光线，以便更好地辨识他人。这就是我们在见到家人或好朋友时会挑眉（见图29）的原因。当我们在同学聚会上见到大学室友或者看到心爱的人走进房间时，我们的眉毛会挑起，同时瞳孔会放大，以使自己更好地感受这件令人愉快的事。眼睛睁得大大的，同时眉毛迅速而戏剧化地挑起，我称之为"闪光灯眼"——想想你上一次参加惊喜生日派对时，寿星走进来的样子。

图29 挑眉是一种反重力的非语言动作，这个动作通常伴随着非常积极的情绪和真诚的问候

你可以选择性地使用这些非语言动作来强调重点，以及表明你对自己所说的感觉良好。

鼻子

大多数人常常忽视鼻子，但鼻子上隐藏着许多信息。当我们准备做一些肢体动作时，我们的鼻子两侧（鼻翼）通常会扩张和翕动。这是一种供氧的方式，也是对即将做出肢体动作（如起床、走出去、打架）的很好的暗示。

由于鼻子上有成千上万的神经末梢，所以当我们闻到或发现腐烂的东西时，经常会皱鼻子。有趣的是，当我们认为某件事糟透了，或者不喜欢看到甚至听到的某些事情时，也会做出同样的动作（见图30）。

图30　我们从小就通过皱鼻子表示不喜欢或厌恶。
成年后我们仍然会这样做，只是动作更简短

嘴巴

我们会做出（和接收到）两种笑容：对不熟悉或不喜欢的人，我们会给予紧绷的、礼貌的假笑；对信任和喜欢的人，我们会给予阳光般的真诚的微笑。区别在于眼部肌肉（确切地说，是眼轮匝肌）的收缩程度。

虚伪地微笑时，嘴角会直直地向两侧拉，嘴巴仍然闭着，眼睛没有太大的变化。可以这么说，边缘系统是在"装样子"。

真心地微笑时，嘴唇会向颧骨的方向拉，牙齿露出，眼睛周围的肌肉也动起来，眼睛周围会出现"笑纹"。眼睛会表现出积极的情绪：瞳孔会放大，眉毛可能会上扬，增加兴奋感。没有什么非语言行为比真诚的微笑更有力量，更能消除敌意，更受欢迎了。

相反，当我们感到悲伤时，会闭上嘴巴。这是大脑边缘系统的一种非常原始的阻隔反应。不仅嘴巴会闭上，嘴唇的肌肉也会绷紧。随着压力的增大，不适程度的增加，嘴唇逐渐消失：嘴唇会越抿越紧，最后就看不见了（见图31、32、33：饱满的嘴唇、抿住的嘴唇、消失的嘴唇）。

当一个人非常痛苦，或者感到非常消极时，嘴唇实际上就看不到了，嘴角会显著地下弯，形成一个倒U形（见图34）。

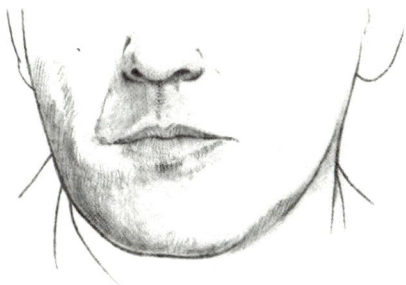

图31　当我们感到满足或不感到紧张时，嘴唇很饱满

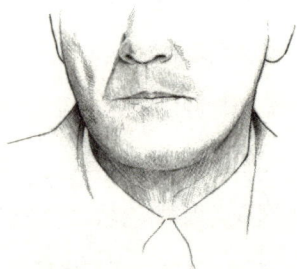

图32　紧张或恐惧会导致嘴唇抿紧

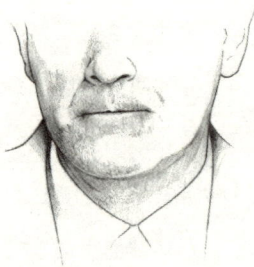

图33　嘴唇消失与压力或焦虑有关

图34　深重的情感痛苦会使嘴唇消失，把嘴角向下拉成一个倒U形。
比如当比尔·克林顿无奈地宣布他的妻子希拉里将美国总统
的提名人选让给贝拉克·奥巴马时，就是这样的表情

令人难过的是，我们经常在新闻报道中看到这样的非语言画面，从士兵对失去战友感到悲痛，到灾难的幸存者努力面对苦难，再到公众人物坦露自己在金钱和私生活方面所犯的错误。

在交谈、谈判和演讲中，留心人们噘嘴的行为。这个非语言动作是表示不同意见或不同想法的重要线索，注意观察，以便你可以随时做出应对。这种行为部分源于我们的边缘系统的需求——不让令人讨厌的东西进入我们嘴里（想想试图喂一个孩子吃西兰花，她就会噘起嘴）。当我们成年后，这一行为仍然伴随着我们。在会议中，当我们不同意别人的意见时，就会噘嘴。

舔嘴唇或拉扯嘴唇、咬指甲和咬东西（咬嘴唇、笔帽、铅笔或嚼口香糖）都是缓解压力的自我安抚行为。这些嘴唇和舌头上的动作按摩了嘴里神经丰富的区域，同时也是婴儿时期的吮吸反射在我们成年后的变化形式。通过刺激，身体释放出镇静神经的化学物质，这种行为使我们在身体和情感上都得到了滋养。吮吸这个行为是与生俱来的，我们还在母亲的子宫里时就会这样做了：伦纳特·尼尔森①那张著名的胎儿吮吸拇指的照片就为我们提供了佐证。

当我们因为紧张而感到口干舌燥时，会自然而然地润湿嘴唇，但舔嘴唇（安抚行为）的次数太多就会出卖我们，让别人看出我们过度紧张，因此这一行为在商务场合并不能激发信心。特别是咬指甲和咀嚼之类的动作，常与缺乏安全感有关。如果你有这些习惯，那么它们就会弱化你的职业形象，你应该想办法限制自己做这些动作。

冷笑（见图35）能表达出不敬、轻蔑或鄙视，这个表情通常很短暂，却有力地表明了一个人的真实情感。当员工因为客户或老板的要求而感到被利用时，我们能看到这种表情；无礼的员工也会偷偷做出这种表情；当你寻求

① 瑞典著名摄影师。——译者注

帮助，销售人员觉得厌烦时，脸上也会出现这种表情。一个朋友告诉我，几年前，一名医生问了她一个有关她体重的无伤大雅的问题——同时还冷笑了一声，她就再也不找这名医生看病了，并且从未忘记过这件事。

图35 不尊重、蔑视或不屑都会通过冷笑表现出来。
一个人冷笑时，就像在说："我并不尊重你。"

顺便说一下，我会毫不犹豫地告诉人们，你不必对老板的冷笑保持容忍，尤其当他们的任务就是支持你的时候。转动眼珠这个动作同样如此，它表达的意思是："我瞧不起你。"你应该毫不犹豫地告诉这个人你不喜欢这个动作，因为你知道这个动作意味着什么。

衣着和配饰

人们的衣着和配饰往往比他们的兴趣、背景和他们想让我们了解的东西更能说明一切。在这一节中，我将讨论与衣着和配饰相关的行为是如何揭示我们的边缘系统的状态的。关于如何利用衣着和配饰来影响别人对你的看法这一问题的讨论，详见第五章。

我们常常巧妙地操控衣着和配饰来自我安抚或者修饰自己，以便获得关注。比如触摸或玩弄腰带或袖扣，玩弄手表或手镯，摆弄夹克衫的拉链、项链或围巾，触摸耳垂或耳环，调整领带或上衣、衬衫的领子（见图36），这些行为都可以使我们平静。我们还可以通过把手指放在衣领和脖子之间，然后拉开衣物，或者撩起脖子上的头发，来使自己"通风"。

图36　调整衣服（纽扣或袖子），特别是调整脖子周围
的衣物（领带），表示感到不安全

常见的阻挡行为包括用肩带手提包、肩背公文包或笔记本遮住躯干，用手臂当屏障，以及（有时，如前所述）扣上夹克衫的扣子或者将胸前的外套拉紧来遮掩身体。

我们也会做出精心修饰自己的行为，比如梳理头发、护理皮肤或抚平衣服，甚至整理私密处（这是一种强势表现，拇指钩在腰带上，其他手指指向下方）。也许你认为后一种行为在公共场合很罕见，但我最近就在一次记者招待会上看到过，一个总经理身边的主要工作人员无意识地做出了这一动作。

健康的人会保持良好的仪容。我们修饰自己（系好领带、摘去衣服上的毛絮）来完善我们的外表，以此获得别人的注意（鸟也这样做）。这也是我教律师们要做的事，尤其是当陪审团成员走进来的时候。通过积极的整理（让衣服服帖、拉好领带），人们发送出"我很在意这件事"的信息。因此，适当的修饰在工作场合具有一定的作用。

|||||||||

当你练习非语言行为观察技巧时，你会注意到越来越多的例子，说明身体是如何在生活的每一次互动中"交谈"的。你可能不记得技术术语，但你很快就会发现自己能够越来越准确地观察他人。经过一段时间的练习，非语言智慧将使你能够读懂那些言外之意，因为个体之间无声对话的含义会变得越来越清晰：人们接触，走开，再接近，突然退缩，然后突然又敞开心扉。

在下一章中，你将开始掌握属于自己的非语言交流艺术，以自己的最佳状态与人沟通；鼓励别人把你视为领导者，接受你的领导并放心地信任你。在商界，取得成功所需的技能每天都在变化，客户委托的任务也变得越来越紧迫，没有什么要求比利用非语言行为进行有效沟通更重要了。

第 四 章 V

你的行为
就是你的态度

拥挤的人群躁动不安，他们已经聚集在法院周围一整天了。到现在为止，已经有数千人了。随着人数的不断增加，人们越来越愤怒，胆子也越来越大：高喊声、尖叫声、谩骂声充斥在空气中。没错，这正是1985年波多黎各的民族主义者聚集在首府圣胡安的联邦法院外面抗议的场面。我们几十个人驻守在办公楼里。抗议活动已经持续了好几个钟头，在法院大楼里的人——包括一些紧张兮兮的FBI特工——开始担心起来。许多年轻的特工从来没有置身于这样大规模的聚众滋事的失控局面中。像这样激烈的敌对局面，随时有可能演变为暴力冲突。

这时，特工主管理查德·赫尔德突然挺身站到我们面前，说道："依我看，这场抗议活动难成气候，终会平息。最近这两个小时里，人数没有再增加。今天又是平常的一天，大家各司其职就好。"说完，他径直朝堵在出口那里尖叫的抗议人群走去，步伐稳重，就像什么事也没发生一样，"泰然自若，安之若素"。

你无法想象他这样的做法对当时在楼里的我们有着怎样的影响。观察到我们的领导如何应对这样的场面，还有他所表现出的绝对的冷静和自信，我们的内心受到了极大的震撼。他走到愤怒的人群中，好像没什么可担心的一样。他不仅鼓舞了我们的士气，为我们树立了一个强有力的榜样，还赢得了我们深深的敬意。要知道，这种敬意可不是几句话就能够为他带来的。

他用实际行动告诉了我们一个事实：个人的非语言交流不仅仅是指我们身体的动作，也包括我们的行动、表现和行为举止。没错，不管我们希望与否，我们的身体都在不断地传递信息。而我们的行为也一样，它由另一种非语言因素驱使，就是我们的态度。经过进化发展，我们现在正通过自身有意识和无意识的行为来传达自己的感受和想法。当退伍老兵讲述战争之事，非洲的布须曼人①讲述狩猎之事，或者商务人士谈论商界掌控者和领导者的传奇故事时，他们所谈论的正是由决定性的行动创造出的决定性的时刻。我们不仅通过我们所说的话，也通过我们每天所做之事为人所知，同时也知晓他人。

你可以设法隐藏你的身体语言——毕竟只有老天知道扑克牌玩家手中的牌和罪犯的企图——但纸是包不住火的，真相终将大白于世。身体语言如此细腻，以至于所有行为都有意义。我们的每一个行动都会传达信息，它们往往微妙到难以用语言捕捉，这真是绝妙无比。想象一下，我们通过身体语言直接交流，要是把这些信息全部用语言表达出来，该使人多么精疲力竭啊！

最近，我做了一次讲座，在讲座开始之前，我帮忙把讲义放在与会人员

---

① 布须曼人是生活在非洲南部的一个原住民族。——译者注

的椅子上。其中一个来得比较早的人走到我面前，也没做什么自我介绍，就说道："来吧，我来帮你。"他根本不必告诉我他是一个什么样的人，我能从他的行为中了解他的为人，我相信他的老板也能。

你的行为究竟是怎样表达你自己、你的态度、你的职业道德、你的情感和你的意图的呢？这些问题不是随意而提的，其实在许多行业，我们自身的口碑决定了我们能否成功。你对某人说"你可以相信我"，并不意味着你就可以高枕无忧了，他需要看到你的实际行动，以相信你真的值得信任。说一句"我在工作中很投入"并不表明你在实际行动中具有奉献精神。人们记得的是你长久以来在行动中的态度。在商界，我们称之为"声誉"或"职业水准"；在生活中，我们称之为"品质"。

借助我所说的"恰当的身体语言"，我们能够给人留下更深刻的印象。恰到好处地运用身体语言包括很多方面，但最重要的可能是我们如何从整体上表达。

我们所有人——无论在组织中的职位高低——都会不断地受到他人的密切关注。人们会观察我们是尖锐犀利还是令人讨厌，是像模像样还是沉闷无趣，是才思敏捷还是疲倦厌烦，是兴趣浓厚还是兴致平平，是自信从容还是胆小怯懦，是知识广博还是迷茫困惑，是尊重他人还是轻蔑无理，等等。我们无可避免被人关注，而且我们自己也在这样做。那么，你该如何展示自己呢？是让自己看起来像个领导者还是追随者，看上去能力超群还是平庸无能？

看看那些获得了巨大成功的人，你会注意到他们都展现出了某些风度。我给大家讲一个经典例子。有这样一个人，祖上来自牙买加，而他在纽约的南布朗克斯区长大。当他走进房间的时候，周身散发着自信和令人信赖的气息；他引起了人们的注意和尊重；他自信而谦卑；他圆滑，有礼貌，迷人——他甚至没有开口说话，就给人留下了所有这些印象。而当他讲话时，又凭借自己的才华、智慧、敏捷的思维以及沉着自信的语言吸引了人们。

哇！如果我们也拥有这些特质，相信我们也能坐到那些品牌企业的董事会会议席上！我所说的这个人就是科林·鲍威尔，他取得了许多成就，其中最为瞩目的是他的两个身份：美国前国务卿和参谋长联席会议主席。那么，他是怎样从一个南布朗克斯区的孩子成为一名越战士兵，再坐到高级指挥官办公室里的呢？他工作努力，以自己钦佩的成功人士为榜样。他在军中学会了以身作则，同时也成长为一个值得他人效仿的人。他之所以成功，是因为掌握了最重要的东西，包括对身体语言得心应手的运用。接下来我们就来看看，如何利用一些基本却关键的身体语言来为自己的表现加分。

你的心态

想要恰当地运用身体语言，首先要调整你的心态。你一定想改变他人对你的看法，甚至自己对自己的看法。关键在于想要改变的欲望，因为若想改变自己在别人头脑中的印象，往往要从改变自身开始。我将这些讲给我的学生听，他们有时候会做出这样的回应："怎么说呢，某人就在自家的车库里工作，现在却身家十亿美元，他平时就穿着牛仔裤，也不在乎自己的形象。"对此，我则说："世上有这样的成功故事的人毕竟寥寥无几——顺便说一句，你不是他们中的一位，我也不是。"对我们大多数人所适用的规则来说，这些从地下室的工作间走向身家数十亿美元的成功人士只是特例。事实上，我在写这一章内容时，史蒂夫·乔布斯宣布他将暂时离职，与病魔做斗争。因此，苹果公司及其股东们都非常焦虑不安，因为这世上只有一个史蒂夫·乔布斯，他的时代过去了，故事也就到了尾声。为了获得成功，走在人前，我们其余的人不仅要遵守社会的规则，还必须战胜这些规则。

特例从不是惯例。因此，你和我——也就是平凡的芸芸众生——想要在工作中获得成功，就必须练习恰到好处地运用身体语言。无论你从事什么行业，都可以将工作做到不同的水准，从好到精再到妙——而这只需要通过你的非语言智慧就能实现。

我经常参加在拉斯维加斯举行的研讨会，因此我和一位代客泊车的服务生——一个了不起的男人成了朋友。他每天至少能赚300美元到500美元——没错，他就是帮人停车的。有一天，我问他是如何赚到比其他服务生多得多的钱的。他是这样说的（简单概括）：

> 我要确保我的鞋子总是干净的，因为没人想在脚垫上看到我的鞋印。我经常擦掉额头上的汗，想来谁也不愿意看到我的汗滴在他们的汽车里。天气热的话，其他的泊车员会解开衬衣的纽扣，但是无论多热，我都保证我的衣扣紧紧扣住，让人看见我的胸毛可不太礼貌。客人把钥匙给我之后，我会健步奔向车子，我要让他们知道我有时间观念。将车开来停稳，在打开车门的同时，我会用随身携带的麂皮擦拭变速杆和方向盘，以便不留下任何指印。最后，我总是跟客人们说一句："一路平安。"

通过关注客户在意的事情，比如他的整体面貌、业务表现和语言措辞，这个男人将自己的工作提升到了一个新的水准。注意这当中有多少非语言行为都在传达"你看重的事情，我也很在乎"。我见到过很多次，这个服务生的客户本来手里已经握着准备给他的小费了，但当他们看到他擦拭爱车的方向盘的时候，又从钱包里多拿出了一点钱。可谓多一点用心，不止一点奖励。恰当地运用身体语言并非只对企业精英有帮助，对我们所有人都有好处，礼貌的行为举止会给每个人加分。

你是自己做生意吗？还是帮别人管理资金？或者你是一位银行家？是律师？从事医疗行业？卖保险或房产？无论你从事什么职业，哪怕就是代客泊车，你都可以不断改善自己的非语言交流技能。这能让你与众不同，也是让你从好到杰出的方法。如果你有想要改变自己口碑的心态，那么你的非语言行为就会随之改变，他人对你的看法也会不知不觉地改变。

你的态度

态度使你赢得比赛，帮你打败敌人，令你获得友谊，让双方达成协议，促成生意，让你获得他人的信任。因此，态度并非小事。我们可以控制和管理态度，从某种意义上说，这要比获得一个学术学位容易多了，但它又比获得学位更有用。态度也是一种非语言行为，可能是我们必须掌握的非语言行为中最微妙的。

最近有一位电视制片人联系了我，她想要拍一段片子，内容是面对潜在雇主，我们可以做些什么来让自己更具吸引力，特别是在经济动荡时期。我头脑中的第一个反应就是：态度。她说道："到目前为止，和我交谈过的每个人都这么说。"这就是一个提示！当两个人的技能和经验相差无几的时候，态度决定着他们的命运。

态度有价值吗？人们会因为态度而获得奖牌或牌匾吗？如果你曾经来过坦帕市，你就会注意到这里没有为任何一位战争英雄竖立雕像或牌匾，而你可能会在其他城市看到这些。这里只有一块纪念牌匾，位于市中心东麦迪逊和北富兰克林街的拐角处，嵌在人行道上。这块纪念牌匾是献给玛丽·哈德菲尔德·瓦特的。你可能会问：她是谁？她是著名的南方人吗？还是她发现了什么治疗疾病的方法？都不是。她只因为一个原因而被人记住：她的态度。那个拐角是玛丽卖水果的地方，她是个水果摊主（人们都称她为"水果夫人"）。33岁时，她死于癌症。她的去世好像太阳从坦帕市中心被带走了一般。她的态度，她带给别人快乐的能力，对人们产生了如此深刻的影响，有如此重要的意义，以至于整个城市都不由得想去尊敬她。因为善良，因为带给他人的微笑，因为自己的态度，她实现了自身的价值。

别人无法将积极的态度灌输给你，最多只能让你展露出一个发自内心的微笑。要知道，你的态度取决于你自己。我能告诉你的就是：想要拥有成功的人生，先要有个好心态。相信我们都遇到过心态悲观、负能量爆棚的人，或者态度不友善、恶意满满的老板。碰到这样的人，我们都想尽可能躲远一点，而且我们也应该远离这样的人。好的心态可以让我们打开新世界的大门，破除障碍。它要比大智慧更有价值，因为它让我们遇到最好的自己，拥有更多的好朋友，让别人想要和我们在一起，并由衷地信任我们。

我们还要注意到，好心态，特别是积极的态度，容易在我们遇到压力的时候悄然溜走。所以我们要保证自己时时刻刻都有个好心态，即使是在受了伤，需要被治愈的时候。如果你觉得自己在这方面做得并不算好，可以找一个模范榜样（即便差距甚大），并试着去模仿他。

如果有人说"他态度真差劲"，相信我，这个人可能不是在指对方说了什么，而是指对方是怎么说的或者做了什么（或者没做什么）。你的非语言行为是如何表达你的态度的？其实，无论怎么表达，总会有更好的表达方式。我每天都在为提升自己的非语言交流能力而努力。

告诉我——不，更准确地说，是问问你自己——当你去世后，会有城市以你的名字为你立纪念牌匾吗？

你的微笑

微笑可以创造奇迹，赢得善意，但人们往往连这样一个简单的动作都不去做。坐飞机的时候，数不清有多少次，航空公司的工作人员跟我打招呼的时候，连一个微笑都没有。他们给我（还有其他乘客）的感觉有多糟，我记忆犹新。在完美世界里，每个人都用温暖的笑脸来问候他人。我们都忘记了，从出生直到死亡，是微笑感动着我们，影响着我们。人类这个物种喜欢微笑：对一个婴儿或一名老年患者报以一个微笑，看看他们的反应。无论年纪大小，微笑都有助于人们释放具有抚慰作用的内啡肽。

花一天时间来观察微笑，你将会对这个单一的身体语言的多功能性感到惊讶。当我们在街上与陌生人眼神交会的时候，我们所展现出的大众性的微笑是这样的：嘴巴闭着，嘴角直直地向两侧拉。当我们见到略熟的人的时候，我们通常会给出一个礼貌性的微笑：嘴巴微张露出牙齿，嘴角微微上扬。所谓发自内心的微笑，通常是对我们欣赏、喜欢或爱着的人展现的：牙齿完全露出来，嘴巴完全弯起，脸颊和眼部的肌肉也随之而动，眼中充满笑意。还有许多"有细微差别的微笑"，比如：

- 短暂的有些紧张的微笑："不好意思！"
- 嘴角向一侧倾斜的带着歉意的微笑："真希望我没犯这个错误。"
- 眉毛抬起，带着疑问的微笑："感觉这主意还不错？"
- 露出牙齿、下巴绷紧的虚假的微笑："我不相信他刚才说的！"

当你开始将微笑视为一种强有力的工具，认为它有助于建立合作纽带，是人类社会生存的标志时，你可能就会开始更有效地去使用它。

我建议企业高管要将微笑作为他们必备的技能之一，也作为对所有与公众打交道的员工的要求。如果员工不这么做呢？炒他们鱿鱼！有必要这么残酷吗？因为微笑实在是太重要了：它赋予社会交往以人性，它使得你和你的公司给我们留下好印象。报以微笑是如此简单，所以在当今的职场，吝啬微笑真的毫无理由。我头一次去俄罗斯的时候，那里的人们说他们非常喜欢去麦当劳，因为那里的店员笑得很真诚，而对于食物，他们完全没有提及。先别把我的话当真，去和生活在那里的人们聊聊就知道了，他们会告诉你店员展露出真诚的笑容时，给他们带来的感觉是多么不同。请你告诉我：你愿意让一个真诚微笑的人来为你服务，还是一个对你的到来感到痛苦，甚至漠视你的人？

绝不要低估微笑的力量。这个简单的动作可以帮助你拓宽机遇、开放思想、敞开心扉、展示善意。

你的身姿

即使相隔一段距离，人们依然能够观察到你的身姿仪态。它可以传达出一些信息，比如你是性格温和还是非常强势，是内心抗拒还是渴望合作，是漠然置之还是关心挂念，是深感厌倦还是斗志昂扬，是焦躁不安还是心态平和。你的姿态可以帮助你控制或缓和当下的局面，通过简单地调整你的站姿以及脚的位置，就能够做到。姿态能够展现出你的活力、热情和能力。如果你无精打采、病恹恹或能力不足，也会通过身体的姿态展现出来。

当你应该站如松的时候，你懒懒散散、肩膀松垮地随意斜靠，或者左摇右晃，你觉得这样做能让自己感觉更好，殊不知这些动作并不会让你赢得信任或拥有自信。相反，这些动作只会反映出"我不在乎"，甚至"我能力不够"。相比之下，站得笔直端正，肩膀稍稍靠后且放松，双脚平衡支撑身体的重量，这样的动作就表明："我头脑清醒，全力以赴，对某件事早已做好准备。"

如果别人察觉到你的身姿仪态很消极，那么甚至在你握手或者开口说话之前，你的形象就已经受损了。我们往往被那些在我们看来非常权威且有能力的人说服——这是我们所欣赏的领导力的两个关键特征。如果你认为身体语言不重要，那么请想一想，当我们走进一个会场、一家商店或者一家餐馆，看到我们要见的人，是一副殷切期盼、准备就绪的样子，或者是一副漠不关心的样子，对我们的影响有多大？即使相隔一段距离，你的姿态也会在瞬间奠定基础，影响别人对你的印象。

你的动作

要知道，动作有多迅速、有效、平稳，会使得别人对我们的印象大不相同。圣诞节刚过，我去一家全国知名的体育用品商店退货。我前面排了九个人，但是只有一个收银员在处理结账和退货业务。扩音器里的声音传来，主管点名命令一名员工去商店门口的收银台。我们所有人看着这名被点名的员工慢悠悠地（用这个词来描述他的一举一动比较合适）走向收银台区域。明明看到有这么多等待着结账或退货的人，这个员工还是不紧不慢地走到自己的岗位上，对眼前的一切视若无睹，这真是令人难以置信。

排队等候的人（包括我在内）都怒火中烧，明眼人都看得出来。毫无疑问，这位员工的服务速度同样很慢。通过他的一举一动，我们能清清楚楚地知道他如何看待我们，如何看待自己的工作。我们的动作是强有力的证明，是在告知他人我们对某些事的想法和感觉——关于他人，关于我们的工作，甚至关于我们自己。

缓慢迟钝意味着有形的损失：错失的良机，搞砸的营销方案，延迟的产品发布会，计算的失误，差劲的服务，到货和交货的延期，还有其他代价高昂的错误。我告诉企业的管理者，速度对组织至关重要。如果手下的员工在速度方面一直不合格，我建议就不要再用他了。任用不称职的员工对雇主来说不公平，对其他员工来说也不公平，而且最重要的是，对客户也不公平。

速度和态度紧密相关。态度差，服务也不会好到哪里去。鉴于当今社会竞争愈发激烈，人才济济，在同样的薪酬条件下，你完全可以雇用一个工作态度更好的人，这样的人能够真实地展现出你们公司的业务水准，同时他的工作效率亦能超出你的预期。

我们的举动对他人影响甚大。想象一下，当你走进一间商务会议室时，老板立即过来和你握手，对你表示欢迎。与之对比的情况是，老板看到你走了进来，却不跟你做什么眼神交流，也没有试图对你表示欢迎，或者过了一会儿才这样做。这两个场景下，你分别会是什么感觉？你的举动会产生类似的影响：要么使人铭记在心，深受鼓舞；要么使人心情沮丧，士气低迷。

我提醒那些律师，当陪审团走进法庭的时候，要立即起身，而不是等到被要求这样做的时候再去做。他们起身的速度越快，陪审团对他们的印象越好，因为陪审团看到他们在意这件事。庭审的时候，这个道理同样适用。我告诉他们：快速站起来，并且每次陈述都要让别人觉得直击重点——事实上，他们也应该做到这样。陪审员和我们每个人一样，也很讨厌别人浪费自己的时间。

无所作为会让士气低迷：想一想，有多少次组织派出发言人或手底下的员工去发声，安抚群众的情绪，而高级主管却像懦夫一样躲在后面。这是领导力不够强大的标志，同时也反映出不敢正视形势的懦弱。比如戴安娜王妃去世的时候，伊丽莎白女王毫无作为，致使她受到了不少批评。由于女王没有出来见她的悲伤的国民，因此她的一言一行受到了公众的密切关注。其实，对她来说，一个简单的举动是最为妥当的，那就是公开露面。但是她并没有这样做，因此招致了猛烈的抨击和批评。无动于衷本身就是一个行动，这个非语言行为会使人失去勇气、毫无号召力，甚至使皇室受到被民众推翻的威胁。

遇到麻烦或者危机时，领导者不应该躲在后面，而应该走到公众面前，通过自身举动的力量鼓励他人。细微的举动要比语言的力量更强大。时至今日，我依然可以想象出理查德·赫尔德从圣胡安的法院大楼里勇敢地走向外面愤怒的人群的画面。简单的迈步——一脚在前一脚在后的交替运动——每一步都意味深长。

你可以借助动作的力量改变会议的态势。我有个客户曾深陷谈判困境，一直被打压，被对方牵着鼻子走。我悄悄地给他发了一条短信，让他站起来，背靠墙站着，用这种远离谈判桌的站姿同对方谈判。当他以这种方式拉开与对方的距离时，谈判的态势发生了改变。他的站立引起了大家的注意，所以他能够更好地控制谈判的局势，事实上，他在阐述己方观点的时候更加自信了——这是他坐着的时候无法做到的事情。在第七章中，我会教大家一些其他的方法，以便在具体的业务场合借助自身的动作积极地影响他人。

当一个人的动作不可预知、急促突然的时候，我们会觉得很不舒服。有一天，我看到一支工程队，队里的工头歇斯底里地挥动着手臂，向工人们喊叫抱怨，他的动作毫无规律，而且非常夸张。我们都知道或者亲眼看到过某些人发脾气的时候"失去理智"，这并不会为他们增添魅力。我能够看到工人们脸上满满的失望和轻蔑的神情。工头离开之后，工人们谈论他的那些话，除了"乒乓兔警长"①外，其他的都不能写出来，否则这书就没法出版了。过于戏剧化

---

① "乒乓兔警长"是一部美国动画片里的角色。这只兔子只要说"乒乓"，脚就会乱蹦乱跳。此处借以形容那个工头一惊一乍、指手画脚的样子。——译者注

的手部动作和手势其实是干扰项，只会让别人对你越来越不尊重。

作为特警队的前指挥官，我可以负责任地告诉你，在一项行动中我们最不想要的队员，就是那些动作和手势非常夸张、古里古怪、莽撞、张牙舞爪的人。我们敬佩那些在极糟糕的情况下，依然能保持冷静，想出办法解决问题的人。特警训练中，我们常说："流畅即快。"无论何时，我们的动作都要平稳流畅，无论是掏出武器还是照料客户，都要记住"流畅即快"。

我们会对警务人员、护士、航空公司的服务人员、保安、老师甚至父母失去尊重，因为他们都会做出不当的非语言行为。他们大喊、尖叫、看上去疲惫不堪、挥舞着手臂、疯狂地打手势——这一切都在表明："我已经失去理智了！"试问，有谁会心甘情愿地信任或服从这样的人？要知道，我们钦佩的是可以保持冷静，能控制住自己的人。

为什么鲁道夫·朱利安尼①自"9·11"事件之后极受美国人的爱戴？在面对纽约发生的所有事情时，他看起来镇定自若，而且以平稳快速的方式处理所有问题。同样，我们也被全美航空公司的飞行员切斯利·B. 萨伦伯格三世迷住了，他平稳地控制住受到撞击的客机，完成了看起来毫无差错的迫降，使飞机安全降落在哈得孙河上。②平稳流畅的动作体现了高水准，这也是最优秀的专业人士展示给我们的。你觉得他们做起来好像很简单，实则不然。

---

① 纽约市前市长。——译者注

② 2009年1月15日，机长萨伦伯格驾驶全美航空公司编号为1549的客机飞行，因遭到飞鸟撞击，飞机引擎失灵。萨伦伯格临危不乱，以超凡的驾驶技术控制客机，安全迫降在哈得孙河上，机上155人奇迹生还。这一事件被称为"哈得孙河奇迹"。——译者注

你的声音

虽然可能看似自相矛盾，但是声音也可以传递出非语言信息。为什么新闻广播员的声音如此相似？因为他们设法让声音透出深邃而流畅动听的感觉。我与汤姆·布罗考[1]曾有过好几次愉快的合作经历，他的声音就是这样的，悦耳动听。我们的声音并不都是这样，先不说别人，我肯定不是，但我尽力而为。我知道我紧张的时候，声调会不自觉地变高，所以我必须克制，因为人们无法忍受这种高音，我也无法通过这种声音获得尊重。

2008年总统竞选期间，媒体上出现了许多对希拉里·克林顿进行人身攻击的人，其中也包括一些专家，他们认为希拉里的声音"很吵很烦"。这件事提醒人们女性领导者已经获得了多高的地位，以及她们还有多远的路要走。女性在工作中应该使用中音声调——当然，这么说主要是针对那些声音有些闹人，或者声调太高太尖，抑或带有山谷女孩口音[2]的女性，要是这么说话，少不了被人评判。对男性来说，平时训练自己用中音声调说话也是个不错的建议。

研究表明，当我们不喜欢某个人的声音时，我们经常会分心，或者直接忽略对方所讲的内容。令人不舒服的声音不仅会让人不自觉地疏远，还会给人留下不好的印象。如果你问我是做个脸部拉皮手术呢，还是花时间优化你的声音，那么我给你的建议就是，不要浪费金钱了，改善你的声音吧。曾经有许多

---

[1]　美国著名新闻主播。——译者注
[2]　山谷女孩口音是指每句话包括陈述句的尾音都上扬，类似汉语里的第一声和第二声。因为英语中只有疑问句的尾音是上扬的，所以山谷女孩口音有时会令人困惑。——译者注

新闻播音员和电视名人在谈话中告诉我，这就是他们一直在精进和熟练应用的技能。女性警务人员、女性海军陆战队队员以及男、女医药代表也都这么说过。他们努力改善声音，因为声音对他们的工作有很大的影响。声调越低，声音越深邃，表达的效果越好。

以下是一些简短的小提示，告诉你如何以及为什么要用你的声音来积极地影响他人。

· 很多时候，我们的耳朵要比眼睛先接触到一个人。接下来，印象就会随之形成。如果你的声音在电话里听起来就很别扭，想想我们还会愿意去见你本人吗？

· 如果你想吸引别人的注意力，或者使别人的注意力一直在你身上，那么请降低而不是抬高你的音量。低沉而稳重的声音会将重点、尊严和决心赋予我们的讲话。其实这是一种违反常理的做法，在工作和生活中并没有得到充分利用。大多数人认为，权力是通过大声讲话、尖声说话或者大喊大叫来体现的，其实不然。我看到父母在超市里对孩子大声说"住嘴"，还有人对不听话的狗大声训斥。无论是没礼貌的少年还是不听话的狗，都不会因为你音量变高而改变不当的行为。我记得一位精神病患者曾经告诉我："我喜欢警察对我大喊大叫。"我问道："为什么？"他回答说："因为这意味着他们已经失控了。"所以，如果你想让人们注意你、尊重你，一定要放低音量。

· 练习语言模仿。在第一章中，我谈到了通过使用对方的语言来与他人建立融洽关系的罗氏方法：如果他们说"我的小孩"，你就不要说"你的孩子"。如果他们说"这是一个麻烦"，你就不要说"这是一个问题"。你会惊讶地发现，恰当地使用语言模仿，能帮助你找到与他人的共同语言。

· 停顿和沉默的力量不容小觑，它们传达出的是自信和从容。很多人想打破安静，避免停顿，但是克制一点，说出更深思熟虑的话，反倒会让别人刮目相看。诚然，当我们紧张的时候，说话有助于缓解紧张情绪，但小心会适得其反。马克·吐温曾经告诫世人："最好闭上嘴，让别人只是觉得你可能是个笨蛋，而不是张嘴说话，让他们完全确定你就是个笨蛋。"有时，停顿是一种至高的谈判工具。也许对方因为不如你擅长非语言交流技巧，而不得不给出一个对你更有利的报价。

· 演讲时的吞吞吐吐跟停顿可不一样。"嗯""啊"，还有清嗓子的声音不仅是缺乏自信的表现，还浪费了时间，没有人喜欢这样。最近卡罗琳·肯尼迪[1]在接受媒体采访的时候就受到了嘲笑，因为她的话语中充斥着"嗯""比如"以及使用频率最高的"你知道"等填充词。赶快把这些废话省掉吧。如果你被问到一个你无法回答的问题，你可以简单回复"我正在思考"，或者告诉对方你会尽快找到答案并给予回复，这总比支支吾吾或者发表一篇长篇大论要好，后面的这两种反应似乎带有一定的防御性。

口才激励

等等，口才不是属于语言范畴吗？不，说话才属于语言，口才是指我们如何说话，这是一种非语言因素。贝拉克·奥巴马当选的一个原因就是他的口才好。我们追求好口才，因为它能令人安心，令人宽慰。我们欣赏讲话深思熟虑、有趣、简洁、清晰的发言者，而这些特质都是好口才的表现。好口才在全世界都备受赞赏，它能在我们所有人中产生共鸣。

口才可能不是你的强项，而且对大多数人来说，也不是。但我们可以训练

---

[1] 美国前总统约翰·肯尼迪的长女。——译者注

口才。温斯顿·丘吉尔因其口才而出名，在以英语为母语的人当中，他说的话被引用的次数最多，但这种好口才是经过努力训练得来的。每一篇演讲，他都要一遍一遍地排练。每一句妙语，他都在脑中过了好多次。最后发表演讲的时候，他的表现就是精彩绝伦的。其实你也可以做到这样——实际上这不就是演员彩排的时候做的事情吗？

很少有这么聪明的人，起身说话时能有丘吉尔那样的风范。每当发表新演讲之前，我都要排练许多次。你应该不断地练习，直到自己的语言和手势习惯成自然。可以独自练习，也可以让朋友或家人参与，请他们给出坦率的反馈。仔细听听自己的用词和表达。在大声练习之后，若是感觉不对，你可以考虑换个词或者改变讲话的节奏。要记住，无论是排练还是正式演讲，都要有自信，这不仅会使你的话语得到加强，还会让你的演讲更具说服力。

你的习惯

习惯能反映出很多个人信息，而且很多习惯都是非语言行为。你可能从未这样想过，但你的一言一行都会被人注意到。你的任何工作习惯（比如什么时候到公司，什么时候吃午饭，吃午饭需要多长时间，什么时候下班，等等）很快都会被人记住。

我曾与一家家族企业打过交道，公司是父亲创立的，留给了长子。后来，其他几个儿子也进了公司。问题也随之而来：其中一个儿子认为自己迟到和偷懒时，可以免于被惩罚。父亲的长子跟我说："我弟弟迟到的时候，员工的士气会受到影响，因为其他员工会说：'凭什么他滥竽充数，还跟我们拿一样的薪水？'我现在很后悔，在把我的兄弟带进公司时，我没有对他说：'听着，我是你哥哥，但我首先是这家公司的负责人。我们是要经营这家公司，这不是实地考察。它不是俱乐部，而是一家公司。'"

我们绝不能忘记，员工置身于公司中，对周遭发生的一切都非常敏感。如果有人习惯性地迟到或经常早退，那么每个人都会知道。这会在不知不觉中危害你的公司。

我们都遇到过这样一些人，他们总是在抽烟或者喝咖啡，或是经常在办公室的格子间之间蹿来蹿去想找人聊天。当你第一次遇到这样的人时，他们的友善对你来说可能是一种体贴关切，但是一段时间之后，这就会成为麻烦了。不要成为这些人中的一员，也不要与他们联系过密，否则别人会以为你也是这样的人。在办公室里坐不住其实是在用非语言行为表明："我所关注的事远比付给我薪水的公司重要得多。"

在公司里，你的一举一动都会引人注意，也有可能招致非议。如果你习惯于浪费时间，迟到，不完成自己的任务，寻找种种借口，不自愿去做什么事，用手机与朋友聊天，在办公室里打情骂俏，等等，那么你要知道，时间终将证明这些习惯是你堕落和失败的原因。

我发现了一件有趣的事情，凡是为政府工作时兢兢业业、成绩亮眼的FBI特工，退休之后也非常成功。反之，那些在FBI工作期间总是抱怨自己的案子或是工作负担的特工，退休之后只能做些不重要的工作，而且仍然在不停地抱怨。旧习难改，那些曾经微不足道的特工，现在仍然微不足道，因为他们从来没有培养一种良好的职业道德。

-领导者应以身作则-

我们都知道，领导有别于管理。领导意味着敢于冒险，敢于站在前面，在面对逆境的时候能保持淡定，同时用强烈的积极情绪来引领大家。毫不夸张地说，这些都可以通过非语言行为做到，领导者只要"在那儿"，不用说什么，就可以给员工带来力量。二战期间，当所有希望都破灭的时候，60多岁的温斯顿·丘吉尔展现出了他在面对危险时的冷静和自信，使西方人民振作起来。他想要走到炸弹落下和火箭炮瞄准的地方的意愿，鼓舞了百万人民。他为人们树立了榜样。德怀特·艾森豪威尔虽然拥有欧洲盟军最高统帅的头衔，却与手下打成一片，在发动进攻欧洲的战争之前，他一直和伞兵待在一起。

这些领导者用非语言交流来加强他们传达的语言信息，并创建出视觉信息，直到今天，依然鼓舞着我们。我们再来看看那场战争中的强大的非语言行为，我们看到了什么？艾森豪威尔和伞兵交谈，巴顿指挥着坦克前进，麦克阿瑟行走在太平洋战区的海滩上。他们不光言谈的力量强大，行动的力量亦不可小觑。他们亲自出面指挥，不仅鼓舞了战士的士气，也坚定了同胞们回家的信心。领导的定义意味着你必须在前方领路，以便别人在后面跟随着你——在这一点上，一个22岁的名叫亚历山大（后来人们称其为"亚历山大大帝"）的马其顿人做得很好，他年纪轻轻，就走上了征服世界的道路。他不像大多数对手那样在后方发号施令，而是切切实实地领导他的军队投入战斗。如果你想成为领导者，就要以身作则。不要躲在自己办公室的小天地里，走出来，跟你的员工交谈。

你的礼貌

如果你想知道礼貌究竟有多大的力量，那就和不懂礼貌的人共事或者为他们工作——这些人会打断你说话，不说"请"和"谢谢"，永远不会对别人说"对不起"，从不帮助那些提着大包小包、开门或者穿外套的人，吃东西的时候吧唧嘴，公然在饭桌上剔牙，或是做出其他一些不考虑他人感受的轻率行为。人们对礼仪的评价非常不准确，说得好听是古板——不管是餐前使用洗指碗，还是用餐时使用哪把叉子，都有一套固定的模式——说得不好听，就是已经过时了。但事实绝非如此。礼仪是让人们感觉舒适的艺术。也就是说，要注意到自己身边发生的事——在FBI，我们称之为态势感知（或情境意识）——并注意到自身行为对他人的影响。特别是在当今多元化的社会，我们的工作和生活使我们与很多人打交道，这些人的文化和社交标准对我们来说是未知的，从这个基本意义上讲，注意礼仪是必要的。"礼仪"一词中包含着希腊语词根kolla，意思是"胶水"，这毫不奇怪，因为礼仪实际上就是把形形色色的人聚集在一起的黏合剂。关于礼仪的书有很多，而且大部分写的都是身体语言。尽可能找一些好的资料来研究，我保证你会学到很多不知道的东西，因为我也学到了不少知识。

你交往的人

有时候，你与之交往的人也能传递出关于你的非语言信息，而这一点往往会被忽视。基于我与经理、招聘人员、CEO和人力资源管理人员的谈话，我可以证实，人们观察到你交往的人不同，对你的印象也会有所不同。

清晨醒来，谁也不会说"我想和自己结交的那些最为平庸、粗鲁、粗心大意、不值得尊重、邋里邋遢、一直处在业务边缘的同事一起出去"。我们都想结交成功人士。然而，有多少员工有机会和这些人同行？如果你和那些懒散的员工整天混在一起，你就会被人瞧不起。你说这不公平？没错：生活就是不公平的。别人会根据你身边的人来评判你，而不明智的选择（所谓交友不慎）会破坏你的事业。这可不是精英主义；相反，这是在提醒我们，我们周围的人会因为他们的行为而给我们带来不利的影响，而不是因为他们的职位、职业或者生活的其他方面。

如果你是一位新员工，一定要当心那些"办公室失败者"，避免与浪费时间且效率低下的员工交往，对你来说才是明智之举。我曾经在工作中遇到过这种情况：新员工刚进入公司不久，就和那些碌碌无为的员工，也是最需要找个伴儿说话的人成了朋友。这可不是出于好心，相反，新员工与这些阴险的人绑在了一起，沦为了牺牲品。每家企业都有这样的人存在。当心这些人，他们会对你的工作产生负面影响，还会破坏别人对你的印象。

记住，这个世界上的人基本分为两种：一种填满你的水杯，另一种喝光你的水。我们一定要留心想要与你建立友谊，但终有一天会将你的能量、思想和表现耗尽的人，他们会榨干你。

我曾经工作过的地方，每天走进去，对我来说都是一种负担。周围的人不停地在抱怨，他们的话非常影响团队的士气和我们的工作；坦率来讲，我感觉自己就像在给别人做治疗。你我都不是医生，我们的职责也不是治病救人。如果个别人或者很多人总缠住你不放，不仅会消耗你的能量和善意，也会降低你在组织内的地位。这并不意味着你就不应该以仁慈之心去对待这些人，我只是在告诫你，你应该控制与这些人接触的时间，因为他们会把你拉到谷底。

|||||||||

如你所见，没有什么东西能够跳出非语言领域——无论是我们的心态和态度，还是我们的声音。我们一直在被人审视，虽然这样想看起来有点神经，但是要意识到，别人如何看待我们，如何与我们相处，主要取决于我们自己，而不是别人。只有你自己可以决定别人对你的印象。

我曾为20多个国家的数百家公司做过咨询，我可以证明，我所说的取得商业成功所需的非语言交流能力是具有普遍性的。在这个星球上，走进任何一间办公室，你很快就会察觉出赢家和输家：赢家追求卓越，输家自甘平庸；赢家看中道德，输家不屑一顾。人们很快就会对你了如指掌。他们的评估基于以下两个方面：首先是你的技能，但更重要的是你的非语言行为。如果别人并不认可你是让他们感到舒服和信任的人，哪怕你有再多的专业技能，也无济于事。那些忽略这条定律的人，想必自身的专业技能也不足道吧。

你怎样运用非语言交流技能，将决定人们对你的接受程度，对你的印象，对待你的方式，以及对你的回报。如果你只展示你的业绩，那么你只能是众多能干的员工之一。但如果你展示出很强的非语言交流能力，你可能就是一个不同凡响的人。选择权始终在你手中，取决于你的一切，从你的态度到你的外表——在下一章中，我们将继续探讨。

第 五 章　V

美貌红利：
相貌好的人，
赚得多

位于纽约的（美国）哥伦比亚广播公司大楼的安检台后面，一个沉寂的、几乎无人问津的角落里，安装着四台最早的RCA接口①式TK-11A型摄像机，而其中的一台彻底改变了如今我们对政治和政客们的看法。1960年9月26日，7000万民众首次收看总统候选人辩论的电视直播，辩论双方为时任美国副总统理查德·尼克松和参议员约翰·F. 肯尼迪。对美国人来说，相比以往只能听收音机和阅读报纸，这是头一次能实时目睹候选人在说什么。那些通过收音机收听辩论的人说尼克松赢得了胜利。而那些在电视上观看辩论的人看到肯尼迪肤色黝黑、年轻、健康、笑容满面，欢呼说肯尼迪是

---

①　RCA接口是由美国无线电公司发明的一种接口，又叫AV接口，几乎所有电视机、影碟机类产品都有这个接口。——译者注

赢家。

这件事，和那些摄像机一起，改变了一切。人们用眼睛看到的事情随后变成了事实。从外表上来说，人们更喜欢肯尼迪，尽管尼克松远比肯尼迪有经验。肯尼迪给人一种和蔼可亲、放松、从容和舒服的感觉。而尼克松看起来病恹恹的（他当时感冒了，并且拒绝化妆），一副烦躁、不舒服的样子，脸上汗津津的，且胡子拉碴。

就在一夜之间，单单一场辩论就证明了外表的作用非同一般。创造政治史的视觉产业从此诞生，它的影响甚至超过了视觉史上另一次众所周知的轰动性事件：从无声电影到有声电影的跨越，这场变革让那些操着外国口音和声音刺耳的无声电影的明星丢了饭碗。

美貌红利

正如上述例子所示，美丽溢价和出众的外表主宰着我们的媒体和营销，这已经不是什么秘密了，它们甚至可以塑造政治和权力的格局。那么在商界又如何呢？颜值重要吗？

如果我给你看大学年鉴中高年级学生的照片，并让你预测五年后谁能挣更多的薪水，你肯定会说不可能仅凭外貌就预测出一个人未来能挣多少薪水。然而，我们的外貌和仪表究竟有多重要，这恰恰是两位研究者决定去探讨的课题。经济学家丹尼尔·S. 哈默梅什和杰夫·E. 比德尔经过研究发现，相貌好的人，会有更多的雇主愿意雇用，而且会更频繁地获得加薪，平均比同行多赚10%～15%。他们还发现，相比雇用相貌一般的员工，雇用颜值高的员工也会让公司多赚10%～15%的钱。这真的不是什么新鲜事了，即使是《圣经》，也通篇都是追求美和回报美的故事。

我讲这些并非想要引起争议，而是要让大家清楚我们中的许多人怀疑，而研究者深信不疑的事实：我们人类这一物种，和其他许多物种一样，都喜欢美。无论是长着美丽尾巴的孔雀，还是长鬃毛的雄狮，抑或是威风凛凛的骏马，动物们对美的追求完全是进化过程中的自我选择，这就是我们人类有选美大赛的原因，在大多数社会，人类的求爱都是基于外表的。

有些人会告诉你情人眼里出西施，但研究证明，我们对美的偏爱是与生俱来的，因此婴儿盯着一张漂亮脸蛋看的时间会比盯着一张丑脸看的时间长。在所有文化中，人们都不懈地追求美、增强美（通过化妆或修饰），并且以某种方式回报美。

这是否意味着我们都得像乔治·克鲁尼或者克里斯蒂·布林克利那样相貌不凡，否则就注定要失败？是，也不是。天生丽质固然好，但是这里也有一个大秘密：我们所有人都可以改善自己的外表。我们无须拥有那种让人过目不忘的美貌，只需要注重自己的仪表，注意自己在他人面前的形象。

保持良好的仪表，保持良好的个人卫生习惯，化点淡妆，注意头发护理，的确会让人看上去有所不同。美妆类节目很受欢迎，因为外表的变化会给整个人带来转变：这会让我们看起来更棒，感觉更好，而这又将转化为更多正面效应。那些相貌好看的人——不一定要美得惊艳——往往自我感觉更好，朋友更多，更受欢迎，因此就会有更多的机会摆在他们面前。所以，问题并不是我们要像选美皇后或者电影偶像一样颜值爆表，我们要做的是在意我们的外表、穿着和留给别人的印象。

外表的很多方面是个人选择的问题，但在很大程度上，外表的评判标准受文化因素的影响。当年我在美国西部调查一起杀人案的时候，讯问过许多身穿蓝色牛仔裤、浆洗过的白衬衫，戴着饰扣式线编领带和牛仔帽去上班的人。在我看来，他们看起来很时髦，就像在华尔街上，穿一套海军蓝羊毛西装，配一条意大利真丝领带，看着也同样帅气。社会为我们划定了边界，而我们只需确保不逾矩就好。记住，我们按照社会规则注重仪表，因为良好的仪表是健康、活力和社会适应的标志。

诚然，忽视外在形象是不够明智的，但是我们要牢记一点：在商界，其他因素（比如技能本领）是可以超越外表的，尤其是如果你态度非常好，而且待人和善真诚，人们对外表就忽略不计了。但即便如此，他人也是从我们自身获得这些印象的。

你可以用魅力、个人感召力、意志力和积极的心态来克服诸如身材矮小等潜在的劣势，或者身体上的缺陷。那些身材有些矮小，但有着超凡魅力或外表很有型的人——比如名人或者舞蹈家——看上去都会比他们的实际身高更高。尽管奥普拉·温弗瑞①的体重问题有目共睹，但数百万的观众还是折服于她的主持风格、个性、言谈和使命感以及她为之所做的一切努力。这就是独特的非语言表达之"美"：我们可以借此将注意力引向我们希望展示的地方，即我们的优势和技能。

我征询过许多全球性机构，通过与全世界的经理人交谈，我可以得出结论，他们宁愿雇用那些努力工作且态度好的员工，也不愿意要那些长得好看但是态度糟糕的人。除了少数特定的行业，没有雇主期望你一定要多么美丽，相信你的客户也不会。但是你在工作中一定要做到精心修饰，衣着得体，落落大方，注重实效。这才是问题的关键。我们欣赏彬彬有礼的人，对衣着整洁利索的人感到舒服，而在工作中雷厉风行更是至关重要。这三种素质将会弥补你外表上的任何不足。

———————————

① 美国著名脱口秀主持人。——译者注

因此，你需要扬长避短。如果你身材矮小或者体形较胖，就穿着显高、显瘦的服装。研究表明，我们发觉那些下颌或颧骨线条硬朗的人往往显得有权威性和领导范儿。应该通过发型或胡须将这些特征凸显出来，而不是将其掩盖。如果你的脸形有点圆，要知道其他人可能会觉得你更容易接近，而且很友好，那么你可以通过身体反射（镜像行为）或者倾斜头部来强化这一特征。

衣着无声胜有声

每天，你都可以为自己或者他人选择衣着。人们会根据你的外表来评价你这个人，倒未必会直接做出判断（尽管有些人会），但是衣如其人。他们会根据自己的观察对你的身份地位、经济状况、受教育程度、信誉、文化修养、背景以及墨守成规还是特立独行等一一给出结论。

因此，形象主要是一种非语言表达，但是它每天都在向我们透露信息。

你的穿着会透露出你的价值观和你的生活状况：你是否在追求某人，是否生活拮据，是否在意社会习俗，或者是否知道怎样才能得到别人的赞赏。

在我常住的一家伦敦的酒店里，包括客房服务人员在内，人人都穿着阿玛尼套装（酒店也自豪地以此为自己打广告）。酒店的制服一般是分等级的，但统一的制服给人的印象是，在这家酒店里，每个人都有一定的形象和地位。而这种优雅和尊严又提升了员工和宾客的价值感。我不得不说，看到这家酒店里的每个人都穿得很漂亮，很是愉悦。

现在让我们假设你遇到了一位穿着名牌套装的女士。她为谁而穿呢？她精心打扮是为了自己，还是为了你？也许打扮得漂亮让她感到很舒服，但是她也在通过这套衣服传达某种信息。她是想突出她的权威？修养？自信？精英主义？抑或是财富？很难说哪一点胜过其他，也可能是所有这些。重点在于：她传达了某种信息，而且是通过她的衣着传达的。这一点与沃尔玛CEO山姆·沃尔顿如出一辙——他穿着标志性的蓝色牛仔裤，开着二手的皮卡车，同样是在传达一种信息。

根据场合背景而穿着

情境对选择着装有重要影响。当我待在佛罗里达的家里时，你可能会发现我是穿着短裤和拖鞋的——因为这样穿，我会觉得舒服自在。如果我是在工作，我会根据想要对客户、事情或者观众产生的预期效果而着装。大家都知道我这个习惯，在见过对方之后，我会根据周围的环境适时更换我的衬衫和领带。你觉得这有点过了？我觉得效果不错啊，而且不费吹灰之力。

你的着装是一个工具，也可以说是一种广告。它会让别人知道你能够融入环境，你尊重他们的价值观，而且你是值得信赖的。它还可以用来引起别人的注意——因此总统在面对整个国会发表国情咨文演说时，大部分男性都穿着深蓝色或灰色的西装，而许多女性都穿着红色的服装，这样她们就会在人群中脱颖而出。

为尊重而穿着

根据不同的场合背景穿衣显示出你对客户、同事和自己职业的尊重。我在FBI工作的那些年，曾亲眼见过联邦法院的法官将律师叫到一侧的栏杆旁，说道："你有20分钟时间去换一条领带回来。"（还有一次，霍默·辛普森①的头像竟然出现在一条"不安分"的领带上，我至今记忆犹新。）能言善辩的律师遇到这种情况，经常会结结巴巴，语无伦次。这就是现实：这里是联邦法院。你的穿着要表明你对这个机构的尊重，否则就不要在这个圈子里混。也许你从来不用去联邦法院，那参加面试呢，或者和一个重要客户会面呢？如果你的着装表明你是满不在乎的，那么请相信我：别人同样也不会在乎你。

我在局里任职的时候，总是穿着西装上班。现在我退休了，就穿得很随意，但是我发现我的境遇完全不同了。前几天，我去开户银行的一家分行办理公证的事情。我穿着短裤和沙滩鞋，工作人员竟然斜着眼看我。我相信，如果我穿着西装，就不会发生这样的事了——这也是一些企业对员工的着装有严格要求的原因。迪斯尼世界成功的部分原因在于其严格的着装要求。迪斯尼对员工穿什么以及怎么穿都有规定。游客们喜欢迪斯尼员工利落的着装，他们知道自己在这里不会看到鼻环或者露出内裤的低腰裤。（顺便说一句，现在在一些城市，内裤外穿是违法的了）。

尽管我们现在的生活变得随意随性了，但穿着得体仍然会让我们获得他人的尊重。有多尊重呢？研究表明：如果你穿着讲究，不小心丢了钱包，人们捡到归还给你的概率是83%。如果你穿着随意或者邋里邋遢，这个概率只有48%。

相比不修边幅，如果你穿着得体，那么人们更愿意服从你的领导。法官穿着长袍，是为了给法庭带来尊严和仪式感。医生穿着白大褂，是因为除了其他因素外，这样的穿着会让患者更加深信且坚定地遵守医嘱。我们也知道，制服（警察、消防队员、门卫等人的制服）要比便服更引人注目。比如，对陪审员

---

① 霍默·辛普森是美国动画片《辛普森一家》中的角色，该片从许多角度对美国的文化与社会进行了幽默的嘲讽。——译者注

而言，那些身穿深蓝色西装这种"商务制服"的人要比那些穿着随意的人更加靠谱。我们如何穿着的确很重要，会产生后续的影响。

我建议职场人士，尤其是白领：对着镜子穿衣打扮，免得尴尬。多观察一下高层管理人员如何着装，然后效仿之。最近，我去位于加利福尼亚的（美国）国家广播公司的演播室拜访一位朋友。我注意到这里没人穿西装，他们大多穿着翻领T恤和蓝色牛仔裤。而我是唯一穿西装的人，显得格格不入。

当然，有的工作对着装要求不那么严格，而有些则需要统一着装，但即使是在这样的工作中，看到干净利落的员工，依然令人愉快。我很欣赏那位每年上门三次，为我家喷洒白蚁药剂的员工，他的制服总是那么干净整洁。我也挺欣赏杂货店里那位帮我装食品的收银员，她的手和指甲很干净，衣服束进腰里，让她看起来与众不同。

有些职业需要穿职业装（比如男士需要穿西装、打领带，或者穿制服）。那些行医的人，或者从事金融、法律、保险等诸如此类行业的人，任何时候都要穿职业装。我们相信这些人，才会将自己的健康、金钱甚至生命交托给他们，我们希望他们看上去是智慧、专业且有道德的。这些素质主要靠非语言行为来体现，而衣着是很重要的一个方面。

最近，在飞往纽约的航班上，我不禁注意到了一位极其不修边幅的乘客。他的西装皱巴巴的，领带上还有咖啡渍，鞋子不光是脏，简直称得上肮脏不堪。他今天是要去谁的办公室，想给谁留下深刻印象？我心想。你可能会说着装仪表不重要，那你就错了。

对自由职业者来说，穿着对赢得尊重和信任更加重要。我有一位为企业客户开发网页的朋友，他说："在家里工作的时候，我都穿着牛仔裤和T恤，但若是跟客户开会，通常客户怎么穿，我就怎么穿。我会注意在穿着上不抢客户的风头，但我需要在我们之间建立平等的关系，而这种平等从某种程度上可以通过与对方相称的着装来实现。"

-富兰克林的"效仿"策略-

历史教会我们，模仿和同步能改变世界。作为1776—1785年美国派驻法国的首位大使，本杰明·富兰克林身负艰巨任务，即说服法国在独立战争期间成为我方盟友。这并非易事，因为法国不想与拥有世界上最强大海军的英国开战。富兰克林从最底层一路奋斗（17岁时还身无分文），出任此职可以说是实至名归。他不仅仅是发明家、政治家、出版商、讽刺作家、政客、作家和科学家，最重要的是，他还是那个时代最伟大的观察家。他将自己的观察变成了发明，包括富兰克林新型火炉、双焦眼镜、避雷针和软性导尿管。富兰克林对研究人类也同样痴迷。他知道自己必须在短时间内打动法国（即使是在今天，也不是什么简单任务），使他们心甘情愿地跟这个羽翼未丰、孤军奋战的民主国家结盟。

幸运的是，我们有他的著作和许多同时代作家的作品证实了他的策略。他到了法国之后，立刻尝试去模仿法国人的礼仪和风格，戴上假发，往脸上抹粉，像法国人一样穿着（但他依然戴着他的浣熊帽，骄傲地向那些向往美国风的人展示），并且订购了应景的四轮马车，载着他在大街上兜风。因此，他很快就被那些当权者接纳——更重要的是，被那些能给当权者吹耳边风的人接纳（也就是：有影响力的女性）。他在法国入乡随俗，因为他知道，若想成功，就必须效仿使我们受益最大的事物。

1777年，约翰·亚当斯，也就是我们的第二位外交官到法国之后，看到法国人的生活方式和着装已经让富兰克林"沉沦"，感到非常震惊。亚当斯认为自己是一个美国人，因此拒绝适应法国人那套，还批判法国人附庸风雅的客厅社交（沙龙）以及他们的衣着和做派。他回到美国后，大肆谴责富兰克林。然而，当亚当斯再次被派回法国去谈判一项全面条约时，由于不接受亚当斯之前的态度，并且认为他缺乏适应力，法国人坚决说"不！"，而且也不同意美方对亚当斯的任命。条约后来还是由富兰克林谈判达成的，他有能力处理错综复杂的社会外交关系。

法国人因为富兰克林欣赏法国的人民和文化而愈发欣赏他，他们觉得无论是和富兰克林相处还是共事，都很舒服。富兰克林因为效仿法国人而取得成功，而亚当斯没有。富兰克林证明了他有能力使用富有同理心且善解人意的沟通方式，这也是获得成功的重要素质之一。正是富兰克林和他对非语言交流的理解，令我们对他充满感激之情，是他使法国成为我们忠实的盟友，最终帮助我们摆脱了英国的统治，获得了自由。

我不会具体告诉你应该穿什么或者不穿什么。你必须依靠常识来判断，因为时尚总在变化。但我可以根据自己对陪审团的研究，以及其他研究人员的发现，给你一些指导意见。我还可以告诉你一些穿着方面的禁忌。通常来说，第一条基本准则是：穿着利落永远不会错。第二条：多观察四周，看看别人是怎么穿着的，并效仿之。我在拜访潜在客户前都会毫不犹豫地询问他们着装的规范，你也不要犹豫。

休闲装的滑坡效应

除了少数例外，我建议我的商业客户不要设立什么周五便装日，任何时候都应该要求员工穿职业正装。共同的着装规范强化了员工的专业性与和谐性，对内对外都具有感染力。况且，工作也不是游戏玩乐。标准一旦放宽，就很难再重新设置界限。休闲裤变成了破洞牛仔裤，凉鞋变成了人字拖，你若尝试纠正衣着标准的松懈，就会有人抗议："凭什么！桑迪上周穿拖鞋，你也没说什么啊。"若有既定的着装规则，就一定要严格执行，无一例外。如果你不强化好习惯，那你就是在助长坏习惯。

随意散漫会摧毁可信度，我是从自己的陪审团咨询业务中领悟到这一点的。经焦点小组证实，我们在法庭上的着装往往影响着证词的有效性，衣着不得体或者不修边幅往往会削弱重要信息。众所周知，我们更信任那些穿着得体的人。

最后，着装的随意性会以某种方式转变成一种放松的态度。我们人类适应环境的能力很强。当商业环境和休闲混为一谈时，我们的行为也容易就范。随着公司着装标准的渐渐放松，员工的工作习惯就会变得散漫，他们之间的交谈方式也会变得随意。这种松懈不仅会影响公司的形象，对公司里那些兢兢业业的员工来说，也是一种伤害。"人靠衣装"绝对堪称强大的真理，人们的形象取决于他们的穿着。

-特警制服vs西装-

我们在联邦调查局做了一个试验，虽然不是很科学，但很好地阐释了我们的衣着是如何影响我们的行为的。我们给两组特工设置了同样的假定演习场景：一名男性歹徒挟持了一名女性人质，他手里有一部电话，但是他们的位置不容易接近。然后，我们要求每队的特工制订一个营救人质的计划。

一组特工穿的是平时的商务西装，另一组穿着参加特种武器和战术训练时穿的工装裤和翻领T恤，但是没有武器。他们彼此之间都不认识，也不知道面临着同样的任务。

在没有任何提示的情况下，他们会怎么做呢？穿西装的特工们说："我们会这样做：先设立警戒线和临时指挥所，然后开始谈判。我们要通过视频或者电话联系歹徒，劝其释放人质。"接着他们又拟订了巧妙的推进方案，通过谈判赢得时间，从而解救人质。

而穿着特警工装裤的另一组人给出了完全不同的方案："我们一定要救出女人质！我们将采取以暴制暴的方法：先把前门撞开，然后从前门扔闪光弹来分散歹徒的注意力，这时六人突击队（包括医务人员）将从窗户突破进入，解除歹徒的武装，救出人质。"

我们对这两个计划的迥然不同感到惊讶——这两组人员唯一的不同究竟是什么？就是他们的着装。因为穿着不同，这些人的心态也不一样。他们的着装决定了他们的态度、节奏和说话的语气。还有一件有趣的事情，当得克萨斯州韦科市的大卫教派暴力冲突事件陷入僵局后，当时的司法部部长珍尼特·雷诺表示，以后再遇到类似事件时，不允许特勤人员穿着特警服装执行任务，以免发生不必要的对抗。[1]

---

① 1993年2月28日，美国联邦执法人员出动武力对大卫邪教设在韦科的总部进行围剿。此后，双方展开了长达51天的武装对峙。4月19日，为了结束对峙，联邦执法人员对邪教总部韦科山庄采取行动，造成数十名百姓伤亡。这一事件被称为"韦科惨案"。——译者注

在我成为一名警察之后，我就第一时间领教了着装的威力。我清楚地记得我穿上警服工作的第一周：戴上帽子和徽章，浑身上下立刻看起来庄严肃穆。出门的时候，我都会最后照一下镜子，我看到的是一个完全不同的人。这就是我的形象，我应该努力使自己配得上这个形象。

这也就是人们在各种仪式典礼，比如毕业典礼、婚礼、军队仪式、团体活动中都穿着专门的服装，或者总是身着盛装观看剧院演出的原因：我们的穿着塑造了我们的行为，让我们的身体和大脑为我们需要做的做好准备。在工作场所，你披上工作用的"战袍"，这就是你的角色定位了。

如果你想验证这一点，那么你可以在出席婚礼、到教堂做礼拜时或者在其他特殊场合看看人们的穿着打扮，注意他们行为的变化。他们会更加彬彬有礼，而且更加注意自己和他人的言谈举止。没错，衣着让我们脱胎换骨。

研究人员证实，衣着会影响别人对我们的看法以及我们自己的行为方式。穿着校服的学生，往往要比穿着随意的学生表现得更好，并且能取得更好的成绩（这也是私立学校办学成功的部分原因）。穿黑色运动服的球队队员相比穿其他颜色运动服的队员，往往会有更多的犯规行为，而且攻击性更强。

-"周五便装日"的谬论-

当公司开始允许员工在周五穿便装上班时，有些公司的生产力的确得到了提升，休闲周五因而被称为一个伟大的进步。但随着时间的推移，公司的生产力又下降了。这是怎么回事呢？

如果深入研究一下，原因就再清楚不过了。在著名的霍桑实验中，当研究人员调亮工厂的灯后，生产力也随之提高。然而，几周之后，生产力又下降回去。研究人员随后又调低了灯的亮度，比之前的亮度还要低。你猜怎么着？生产力又上升了！然后没过多久，生产力又再次回到以前的水平。

研究人员因此得出结论，改变的刺激导致了生产力的提高。一旦人们习惯了这种变化（毕竟适应性是人类这个物种的特征之一），加上新鲜感慢慢消失，人们随之产生的改变行为的热情也就减退了。

这些发现解释了为什么解除束缚或者偶尔的休闲放松活动能够提高士气和生产力。但这些应该以犒劳奖励的方式出现，而不能成为一种常态习惯。而且，这些放松活动不应该在工作场所搞，而要选一个休闲服装和行为可以被接受的地方。周五不应该被当作常态放松日。

着装要注意场合

法庭是一个决定成败的地方，有时候，生死存亡的决定权就掌握在来自各行各业的12个人所组成的陪审团手里。因为他们的决定如此重要，所以人们不遗余力地研究陪审团，试图搞清楚到底什么会影响他们的决定。说到仪表外貌，陪审团的确可以教会我们很多东西。

陪审团对人们的外表有着非常特别的偏好和评判，我花了数年时间去研究他们对律师、证人和被告的衣着和举止所做出的反应。如果你觉得这些细枝末节实在不值得注意，那么请你三思。检察官马西娅·克拉克的行头就是O. J.

辛普森谋杀案①分散众人注意力的因素。她的发型、服装和鞋子不仅上了全国媒体的头版头条，甚至在陪审员中也引发热议，而陪审员在诉讼结案前是不能谈论案件本身的。这些跟案件有什么关系吗？绝对没有。但人们，无论是不是陪审员，都在评论这件事！这件事给人的启示是：穿衣打扮要恰当得体。要知道，你看起来是什么样子，人们就会记住你是什么样子。

-为什么政客都爱穿两扣西服？-

你有没有注意到政客们总是穿两颗纽扣的西服，而不是三颗纽扣？原因很简单：我们露出的腹部（胸部）区域越大，人们会觉得我们越真诚。看看电影中的坏人，比如早期的詹姆斯·邦德系列电影中的诺博士。这些人实际上是在用衣服来隐藏自己。

我和其他很多人对法庭所做的研究清楚表明：陪审团更喜欢穿两扣西服的律师们，而不是三扣。提到这些穿两扣西服的人，有人说道："他们看起来更真诚。"那些和商人、政客共事的顾问也发表了同样的看法。所以，我们经常见到政客穿两扣西服。与民众互动时，政客们常常脱掉外套，这会给人一种坦诚、亲民的感觉。

以下是我与律师、商人、人力资源管理人士共事时了解到的其他重要的注

---

① 1994年，前美式橄榄球运动员O. J. 辛普森杀妻一案成为美国最轰动的事件。由于警方的几个重大失误导致有力证据失效，辛普森在刑事诉讼中被判无罪。本案也成为美国历史上疑罪从无的最大案件。——译者注

意事项。

男士商务着装经验法则

·干净整洁。

·大多数人不知道1500美元和200美元的西装到底有什么不同，尤其是对定制西装也不甚了解。

·如果你穿着西装，要注意袖子不要过长（否则你看上去会像一个第一天上学的孩子）。

·衣服不宜过紧，要能让你舒展自如。

·不要穿棕色的西装，据调查，人们对棕色西装的评价通常都很低。

·不要穿短袖衬衫，除非在适合穿马球衫的场合。

·如果领带上的图案会招来蜜蜂，那么千万别买。

·你的领带可以很别致，但不要喧宾夺主。

·如果你穿着吊带裤，就不要扎腰带。

·袜子的颜色应与皮鞋的颜色相匹配，忌穿白色袜子。

·皮鞋应当与你整体的穿搭相称。许多男士都忽略了这个极为重要的细节，这会使他们花费时间和金钱打造出的形象受损。

·衬衫的口袋不是笔筒：不要在口袋里放东西。

·使束进腰里的衬衫、腰带扣和裤子前襟保持在一条直线上。

·佩戴一块样式简洁、传统的手表。

·如果无法决定穿什么，选择一套两扣的深蓝色（藏青色）西服，里面搭配一件白衬衫和一条经典的、与西服搭配和谐的领带，再配上一双黑色的皮鞋，这样穿准没错。

女士商务着装经验法则

·身体裸露的部分越少越好。职业男士不会欣赏你的身材，职业女性更不会。

·注重时尚和风格是很好的，但切忌盲目跟风。

·穿着要讲究，但衣服的价格未必昂贵。

·良好的仪表和举止要比衣服的价钱更重要。

·穿着要能体现公司的文化。

·除非你是在夏威夷、迈阿密或者洛杉矶，否则尽量别穿露趾鞋，即使是在这些地方，我也会避免穿这种鞋。

·不要戴过多的珠宝首饰。

·耳朵上不要丁零当啷地挂太多耳饰，那些东西应该挂在晾衣竿上。

·跑鞋或者拖鞋适合在休息日穿，而非在工作时间。

·永远不要穿露脐装。

·衣服应干净平整，无破损。

·你的着装应该为你的工作加分，而不是减分。

尽管文化会影响人们对外表的接受度，但是在商务场合也有关于职业形象的金科玉律。一旦违反，若对方对你印象不佳，就不要大惊小怪了。我有一个之前做营销经理的朋友，他告诉我说："你应该时刻为自己心仪的工作穿衣打扮。"

珠 宝

关于珠宝和饰品，人们还告诉了我们一些应该知道的事：佩戴的珠宝的款式和数量不宜过多。为什么？因为这会分散别人对你的注意力，而你希望别人注意到你的技能和智慧。佩戴过多的珠宝就是在告诉人们："我需要获得大家的关注。"在职场中，你想要人们关注的是你能力的价值。

身居高位（或者渴望达到这个级别）的女性如果要佩戴戒指，一枚即可，不宜过多。如今我们经常能看到女士们手戴多枚戒指。坦白地讲，这使她们看起来一点都不像白领，这也是一位成功的顾问告诉我的。人们尤其不希望在需要高信任度的法律、医药或金融行业看到女士们手戴多枚戒指。

文化差异甚至同一文化下不同区域间的差异，也会导致人们的接受度有所不同。例如，巴西的职场女性佩戴的耳环要比美国的同行花哨得多，加利福尼亚的职场女性佩戴的耳环与佛蒙特州的女性也有所不同。这就需要我们考虑文化和环境的差异，并观察其他人是怎么做的。如果你不确定怎样佩戴首饰才合适，不妨谨慎为妙。

男士们请注意：不要让你的潜水手表出现在商务场合。要佩戴一块漂亮的正装表。什么样算漂亮？要看起来像正装表（越简洁大方越好），而不是看起来像执行登月或者特工任务时佩戴的功能复杂的手表。我们希望你佩戴的手表可以传达出你的时尚感，而不是你的业余爱好（比如潜水手表）。手表可以透露出关于我们的很多信息，它可能是一种物美价廉的物品，却象征着优雅高贵。

我经常建议我的大学学生们去观察新闻播音员：他们尽可能少地佩戴首饰是有深刻道理的。

鞋 子

有一天我走在街上，注意到走在我前面的一位女士：她中等个子，留着造型优美的齐肩发，身着定制的礼服，戴着华丽的手表和饰品，妆容精致……却

穿着磨损很严重的高跟鞋，鞋后跟的皮子已经裂开，向上翻起。到底为什么要
花那么多时间和精力打扮，却留下一处很容易纠正的瑕疵，让一切努力都毁于
一旦？男人们也一样，他们常常穿着磨损严重或外表破旧的鞋子，使得他们花
在外表其他方面的功夫都白费了。

·保持鞋子光亮，保养良好。不干净的鞋子会给一个人贴上粗鲁无礼的
标签。

·不要露出脚趾或是赤着脚。研究显示：露趾鞋、凉鞋、无带鞋和人字拖
会让人看上去缺乏吸引力，显得不专业。如果你是一名律师、高级主管或者从
事医疗行业，则尤其需要注意这一点。

·高跟鞋的高度要适当，毕竟办公室不是夜店。

文 身

文身很常见，但无论多么常见，在商务场合都绝对不宜出现。如果你身上
有文身，那就把它藏好。它们会引发他人的一系列负面联想，包括醉酒越轨行
为、不检点、盲目跟风、参加街头帮派，甚至是瘾君子或者艾滋病患者。而这
些说法都还算客气的。很显然，这些联想都与洁净、健康和靠谱相去甚远，因
此醒目的文身尤其影响人们在食品、医疗、金融等行业的就业。

听说加利福尼亚的某消防部门近日明令其所有消防员遮住文身，我觉得
这很有意思，却丝毫不感到惊讶。相反，在囚犯当中存在着在脸上刺青的趋势
（如MS-13帮派成员[①]），代表他们成了社会的弃儿。可悲的是，这基本相当

---

① MS-13是美国的一个恶名昭彰的跨国黑帮组织。——译者注

于限制了他们未来的就业，他们今后可能只能做一些不为人知的工作，至少失去了成为白领的可能。那些所谓的"小太妹"也文有这些可怕的文身，这将对她们未来的就业前景造成巨大影响。因此，现在有组织帮助年轻人清除那些文身，尤其是与帮派相关的文身，从而增加他们的就业机会。

现在很多组织都有一条"潜规则"：如果应聘者身上有文身，甚至不会给他面试的机会。虽然随着时间的推移，我们的文化对文身会更加包容，但是就目前来看，注意这一点还是很有必要的。

我的学生总说，很多名人身上也有裸露的文身——对此，我的回答是："你又不是名人。"名人、运动员、摇滚巨星以及从事其他靠人气的行当的人，身体是他们的标签的一部分，我们给予了他们特殊的"许可"，容忍（实际上是期待）他们的暴露行为，从"露沟"到"走光"。但即使是名人，也会在重要场合或者拍戏时将文身隐藏起来。当他们在演绎一个角色时，他们会为塑造角色做很多必要的功课。而我们也一样，我们也扮演着某种角色，也需要去演绎它：我们称之为工作。

修饰与化妆

不修饰打扮是身心处于不健康状态的一个标志，无论是动物还是人类，都是如此。外表邋里邋遢通常表明此人有其他牵挂的心事。因此我们将干净和整洁与身体健康关联起来，并且愿意结交精气神十足的人。以下是一些基于这些根深蒂固的偏好和社会惯例的准则，仅供参考。

· 头发要整洁，发型时尚但不过分抢眼，不要遮住面部。

· 正如你之前所了解的，手部的动作会牵动我们，因为人的手有起死回生的力量。所以他人一定会注意到你的手。对女士来说，指甲的长度应该适宜；对男士来说，应该修剪整齐。指甲要很干净，不能有咬过的痕迹（这被视为一种紧张的标志）。长如利爪的指甲很难被人接受。如果你想要得到一份工作或者想让别人把你当回事，就千万别留这种长指甲。

·你的妆容应该提升你整个人的精神气质，而不是使妆容本身引起注意。你希望人们关注的是你的语言表达，而不是你的睫毛膏或者口红。如果你不确定你的妆容能否给你增色，不妨花钱找个化妆师顾问取取经。

·尽量不要用香水。大多数人闻不惯特殊的气味，千真万确。

·在人前适当地整理一下衣服（拍拍西装外套上的灰，调整一下衣领或领带），可以给人留下一个好印象，这意味着我们在乎自己在他人面前的形象。但是要适度。在公开场合做出一些比较私密的修饰行为（比如梳理头发，清理或者修剪指甲等）就有失礼节了。有一次，我看到一位律师当众用回形针掏耳朵，全然不顾法庭上的其他人。还有一次，我的一位朋友偶然撞见他的助手在她的小隔间里用牙线清洁牙齿，对此他感到十分惊愕。当助手问我朋友想要什么文件时，她松开了手，牙线竟然就挂在她嘴边（这种事情会造成无法弥补的恶果）。这一幕一直在我朋友脑海中挥之不去，一想到触碰她经手的文件，我朋友就浑身不自在。

·男士们不要在公开场合挖鼻孔，不要搔挠私处（相信我，按说我不该在书里提出这种警告，但总有人问我："为什么有些男人总是……？"所以这确实是一个很严重的问题）。

最后，还有一些重要的小贴士：

·你的背包在你读研究生和徒步旅行时是适用的，但并不适合用在职场中。

·女性：你在包里摸索半天，找不出早就应该准备好的钢笔、记事本、日历本或者其他什么东西，立刻就会给人留下效率低下的印象。

·男性：这不是21世纪的西部拓荒期，你的腰带上不要别着你成套的电子物件。你的权威应该通过你的气度传达出来，而不是通过你拥有的这些小工具的数量。

·戴着手表。这表明你有时间观念——这是一个职场中的加分项。

||||||||

现在你知道了一些关于外表的重要事项，这些是他人——从陪审团到人力资源管理人士，再到CEO们——会关注并评头论足的。那么请自问以下问题：

·别人如何看待我？

·我如何看待自己？

·我对于我的同事和客户有吸引力吗（不是外表上的漂亮或英俊）？

·我有销路吗？

·我能给他人留下深刻印象吗？

·我身上有什么令人反感的地方吗？

·我如果精心装扮，能从中受益吗？

我希望你能诚实地面对自己。如果你不确定自己的评判是否准确，可以去询问一位值得信赖的朋友，让他对你的外表和展现的形象做一个真实的评估。有时候，我们都需要一个好朋友提醒我们把腰杆挺直、刷刷鞋子、减减肥什么的。

别人的反馈是可以起到激励作用的。它能够解开我们为什么没有得到雇用或晋升的谜团，没有人会直接告诉我们是因为我们的衣服皱巴巴，或者是因为我们多余的头饰让我们看上去不够清爽。如果你觉得自己一成不变，别人不怎么拿你当回事，或者你失去了升职的机会，那你就需要改变一下了。

哪怕一个小小的改变（比如最基本的姿态和手势等），也会带来明显的改进效果。经观察，我们发现，年轻男女结束军训回来后，其姿态和动作会有非常明显的改变（关于身姿和动作，我们在前一章讨论过）。他们的父母和朋友会立刻感受到他们的这些变化。他们还是原来那些人，但他们自信的举动改变了别人（甚至是跟他们朝夕相处的人）对他们的看法。这不仅是因为他们身上的制服，更重要的是他们的举止中透露出了坚定和尊严。

对你我来说，我们刚开始总是会问："我们自身或者我们的衣着和行为方式会阻碍我们的发展吗？"

在第一章中，你已经了解到我们会对别人做出快速的评估，即所谓的闪电式判断。我们了解到人们会在0.25秒内就对他人做出这些评价，而劝自己放弃最初的印象却要花很长很长时间。的确，社交达人会把这些第一印象跟他们的日常经验进行比对。当一个给人最初印象不错的人慢慢"原形毕露"时，我们会调整对他的印象。这在我们整个一生中都是一种健康的方式，可以防止我们因为一成不变的印象而成为陌生人甚至自己家人的牺牲品。然而，在很大程度上，那些第一印象会陪伴我们很长时间。而且，我们也都认识一些思想不太灵活甚至僵化的人，并且跟他们共事。对他们来说，第一印象就是永久印象。

尽管第一印象形成速度快，持续时间长，但你仍然能够深刻地影响他人对你的看法，而且你应该不遗余力地为之努力。你值得让别人根据你的专业技能对你做出判断，而不是根据那些让人不舒服的不明智举动。对你自己来说，没有什么比这更不公平的了。你可以凭借你的行为举止，乃至衣着装扮，赢得他人良好的第一印象。

第 六 章 V

企业也需
"化妆品"

坐了3个小时飞机，等了30分钟行李，又在租车柜台前等了20分钟，驱车90分钟抵达弗吉尼亚州的匡蒂科，我的骨头都散架了。因此，我想，在弗吉尼亚州斯塔福德的汽车旅馆里，排在我前面办理入住手续的人们也一样非常疲惫。大家像僵尸一样拖着行李，看着前台唯一的接待员电话不断，难以置信地摇着头。接待员一直在电话里讲着："好的，我会帮你处理……我会联系你……我会核对的……"在接电话的间隙，他才会帮一位客人办理入住手续。前台只有他一个人，他已经尽力了。我们试着去理解他，但他还是一直在接电话，对我们视而不见。

终于轮到我办手续了——此时他又接起了一个电话。我等了一会儿，估算着他快要挂断电话的时候，我举起了自己的手机。

我说："别挂电话。"柜台后的他用震惊的目光看着我，像极了美国电影演员克林特·伊斯特伍德。"你该给我办理入住手续了。如果需要的话，你可以通过电话为我办理。我们现在就开始吧。"

有那么一瞬间，这位接待员看上去完全蒙了，从电话中传到他耳朵里的声音就出自他正盯着的那个人，这让他彻底抓狂了。你甚至可以听出他内心异常慌乱，不知道是应该听电话还是听我说。不过，他马上就反应过来了。多亏了这通"紧急电话"以及我对这糟糕的服务所提出的"抗议"，我和后面的客人当晚才得以早些上床休息。

你曾经遭遇过这种"排队等候"的情形吗？从什么时候开始，忽视面前耐心排队等候的人，而先为后打进电话的人服务变得这样理所当然？

良好的训练以及充足的人员配备可以避免这种情况。从事此类工作的人应该学会先照顾好眼前的客人，而非先接听电话，如此才能展现出贴心的服务。很可惜，服务人员通常都没有受到良好的训练。谁来为此买单？是住宾馆的客人和宾馆，而我以及其他受到怠慢的客人再也不会光顾这样的地方。

我们为什么要住宾馆？因为我们想找一处像家一样的避风港去休息、放松。我们需要有人接待我们，这会使我们感到宾至如归。让客人感到舒服永远是第一位的，而酒店或者宾馆应该从客人一进门就做到这一点。照顾到客人的需求并不难，然而其带来的效果是显著的。

有什么办法能让客人感到舒服呢？最理想的办法就是在前台增加一名服务人员，负责接电话。如果没有这个条件，只要员工受过正式的训练，牢记一条原则——"照顾好眼前的客人"，那么即使只有一名工作人员，也能做好。提供优质服务的酒店还会特别为客人开设快速通道，或者提供水果、小饼干、咖啡和茶，让客人们一进门就体会到宾至如归的感觉。我知道一家连锁酒店，在办理入住的柜台前一直会有热曲奇供应。许多人常提起这家酒店，就是因为他们很喜欢酒店提供的热曲奇。供应食物是一个如此简单的举动，如同人类文明一样古老，却可以成为一家酒店的黄金招牌。

正如我们会对人形成闪电式判断一样，我们对公司或机构也会形成这种判断。和与人交往一样，在与公司打交道的时候，我们也会一直关注自己是否觉得舒服。评价通常从初次相见的时候就开始了，之后的每次相见，我们都会在心里打分。因此，管理公司或机构与公众交流的方式也是至关重要的。

在当今社会，无法使客户满意所带来的后果要比以往任何时候都严重，这得感谢互联网上生成的口碑指数。如果你不能时时刻刻经营自己公司的形象，那么博主们就有能力彻底摧毁你的公司的声誉。你可以在网上给任何东西评分——从大学教授、医生、管道工、油漆工到电工，抑或是餐馆、酒店、养老院等等。没有哪个行业能逃脱大众的监督。

此外，你永远不会知道大家的关注点在哪儿。我正在读一篇关于航空公司的博客，有些人在下面评论说存在丢失行李的现象，但是大多数人真正谈论的是：为什么空乘人员不再对乘客微笑了？最近，有个人的评论使我想起了多年前美国东方航空公司机组人员的"友善的微笑"。有很长一段时间，人们都在讨论这个明显的变化。我想，这对一家航空公司来说是一次多好的机会啊，因为问题很容易修复，把所有员工都召集起来说："各位，乘客们抱怨我们的服务，那么让我们振作精神，微笑对待每一位乘客。如果有谁做不到，就请另谋高就。"我们就是在说微笑，无关其他。

正如一个微笑可以改变我们的路边吸引力，你也可以做一些其他的小事来提升公司的路边吸引力。

舒服红利

数不清有多少次，我在商业周刊中读到或是在商务会议中听到"竞争优势"这个词。我觉得这个词所表达的意思实在有限。我想谈的不是"竞争优势"，而是更宽泛的概念，可以让你从好变成优秀的东西，就是"舒服红利"。如果你能使顾客、患者、消费者、访客或是宾客感到舒服，你就可以获得远比收益多的红利。

舒服是非常有吸引力的，就像我们最喜欢的椅子对我们具有吸引力一样。我们会更偏爱那些有舒服的灯光和椅子的餐馆。我们会信任那些使我们对未来感到安心的保险代理人。我们把钱交给专业的投资人，是因为她所在的公司声誉卓著，但更重要的是因为我们觉得跟她在一起很舒服。我们找固定的牙医、家庭医生和妇科医生，因为他们医术高明，但同样也因为跟他们在一起会让我们感到舒服。舒服是我们在本地的同一家餐馆吃饭的原因，也是我们选择和同一些朋友出去玩的原因。无论是企业还是个人，只要令人感到舒服，就会一次又一次地吸引我们。它们把我们变成了忠实的顾客，而我们又会成为活广告，一传十，十传百。我有一个好朋友是做医生的，来找他看病的人在短短的时间内成倍地增长，不是因为广告，而是大家口口相传。这就是他得到的红利，仅仅因为医术和人品让病人感到舒服，他就可以赚数千美元。

舒服红利的成本比你想象的低

几年前，我和一位朋友在他的办公室里聊天的时候，谈到了使客户感到自己获得了特殊待遇的话题。我的朋友为新的投资人专门设立了一个基金，希望可以吸引更多的投资人。他的个性非常可爱，也很积极，所以我知道在这方面他没什么需要改进的。我问了他几个关于办公空间的问题，然后又问道："你打算花多少钱？"他的回答很令人吃惊："我愿意拿出几百万去赚几百万。"我回答："不如先花个几百块做一些小改进，说不定这些改变就会帮你赚到几百万呢？"

我建议他买一张舒适的长沙发、一组椅子、一张咖啡桌，以替换办公室现在的家具配置（现在的情况是他坐在桌子后面，我则坐在桌子对面的椅子上），这样他就可以请潜在的客户们随意选择自己想要坐的地方。

"就这样吗？"他问道。

"差不多就是这样。"我回答。

接下来的一年里，我的行程安排得非常满，也没有听到我这位朋友的消息。之后有一天，他给我打电话，邀请我见一见他的新员工，参观一下他的新办公室。这次我看到的办公室是一个让人见了就很想待的地方。这个朋友按照我的建议改变了办公室的布局。他还买了一台小冰箱，用来冷藏瓶装水和苏打水。他邀请我进门时，我很自然地坐到了沙发上。

随后他开始给我讲沙发和椅子这些简单添置的家具是如何在与客户的"面谈"中起到巨大作用的。从那以后，他引进了数百万美元的风投资本，并告诉我休息区确实功不可没。我当时建议他做一些简单的变动时，他还在怀疑是否真的会有效果，但是现在他一点都不怀疑了。

我们一生中会选择很多东西，因为它们会使我们感到自己很特别。简单地选择一个地方坐或者选择一杯东西喝，就可以让我们感觉获得了特殊待遇。这些待客细节使我们感觉受到了重视，我们也会愿意再次光顾。

即使"办公室"是在车里，只要拿出大约50美元，保持车内外的清洁和专业，就可以使你的客户感到更舒服，从而赢得客户的信赖。

别人怎么看待你的企业？

在第五章中，你知道了自己是如何被评价的。现在，请记住你的公司的舒服红利，对你的公司的路边吸引力进行测评。

路边吸引力突击小测验

试着以一位潜在客户的眼光审视你的公司，完成下面的任务。你可能会发现这次测验很有启发性。

1. 给公司的总台打电话

· 接通电话花了多长时间？

· 问候语是什么？

· 打招呼的语气是怎样的？

· 电话转接快吗？

· 转接期间，你等候了多长时间？中断了几次？

· 如果你需要对方提供信息，对方会马上提供吗？

· 你对问题的回答感到满意吗？

· 对于你的要求，对方的处理效率如何？

· 对方是否尊重你？

2. 给公司的客服打电话

· 接通电话花了多长时间?

· 问候语是什么?

· 打招呼的语气是怎样的?

· 电话转接快吗?

· 转接期间,你等候了多长时间?中断了几次?

· 如果你需要对方提供信息,对方会马上提供吗?

· 你对问题的回答感到满意吗?

· 对于你的要求,对方的处理效率如何?

· 对方是否尊重你?

3. 从公司的网站上订购一件商品

· 网站页面是否在三秒内加载完毕并打开?

· 你是否很容易就能找到想要的商品?

· 完成订单的过程中,是否有让你觉得生气或者浪费时间的地方?

4. 叫一个朋友到你工作的地方,向接待员交代你预约朋友见面的事宜

· 前台是否马上就接待了这位客人?

· 前台是否马上记下了访客的需求?

· 前台是否先接了电话,才接待来访的客人?

· 访客对前台的整体印象和感受如何?

5. 巡视你的工作场所,仔细观察

· 看起来是否井然有序?

- 墙面、地毯、家具是不是很脏？灯光是否昏暗？

- 人们是如何跟对方打招呼的？彼此是否有眼神接触？

- 办公室的活力处于什么水平？

- 洗手间怎么样？休息室怎么样？

- 公告栏上是否有个人信息和过期的信息？

- 从整体上看，工作场所是否有吸引力？

- 你最喜欢哪个部分？

- 你最不喜欢哪个部分？

- 你愿意在这里工作20年吗？

现实中，几乎没有CEO或者其他高管以这种方式检验他们的组织，对此我深表惊讶。有多少次你给一家公司打电话，听到的却是一长串令人头疼的提示录音："××服务请按1，××服务请按2……"你见过有人很享受这种录音吗？如果可以的话，我建议CEO们不要用这个办法。为什么呢？因为当电话最终接通人工服务时，客户已经带有负面情绪了。一旦客户在体验过程中产生了负面情绪，你就很难再使他们感到舒服了。

人类的情感与统计数据不一样，我们记不住左撇子占总人口的比例是多少（大约7%～10%），但我们永远不会忘记用左手向我们"竖中指"的同事。这就是内心产生负面情绪时会发生的事情。因此，多年之后，我们仍会记得受到怠慢的经历：这些体验已经进入我们大脑的记忆中枢了。

在我最近一次的欧洲之行中，我的信用卡卡号被盗了，我立即打电话给信用卡公司。时间就是一切，当我根据语音提示，用手机一个键一个键地输入23位的号码，接下来又听到一长串没完没了的按键选择清单时，原本已经非常沮丧的我有多么愤怒，就可想而知了。最终接通客服时，我的沮丧程度比开始时增加了一倍。不管我们承不承认，情绪在生意中都发挥着作用。那些已经注意到这个问题并且采取应对策略的人将更具有优势。（在工作场所处理情绪问题的策略，详见第八章。）

如果你关心自己的生意，就定期检视你的公司。假如客户在等待电话被接听的过程中，电话里会播放音乐，一定要听听播放的是什么音乐。前不久我在等待电话接通的时候，电话里播放的是一首副歌部分尽是"砰砰砰"和"哦哦哦"的歌曲——根本不是我想听的。我的一个朋友在等待电话接通的时候，听到的是刚好调在两个频道之间的广播播音，而她就这样听了整整五分钟。

不管是你亲自去公司检查，还是叫朋友去，然后反馈给你，大家的体验都应该是愉悦的。如果体验不愉快，就说明别人也会遭遇不快。如果客户在你这里遭到了不该有的怠慢，那你花多少时间和金钱请名校毕业生或者买最先进的软件，都无济于事。因此，就像你在其他方面追求卓越一样，你的公司也应该保持卓越——定期检查，防止工作有所疏漏。

企业的加分项目

小时候，有一天父亲载着我行驶在迈阿密的道路上，我们在找一家五金店。当我们终于找到一家时，父亲却径直地开了过去。我问父亲："我们为什么不进去呢？""他家的窗户太脏了。"父亲说，"他们连店面都不打扫，我觉得他们对待顾客也不会全心全意。"这件事对我触动很大，卫生问题也会影响生意。

在第一章中，你了解了"破窗"实验证明了环境会影响人的行为。消极的环境会带来负面的影响（甚至犯罪），积极的环境则会带来正面的影响。你可以也应该利用这种有力的非语言因素来管理你的企业，塑造企业形象。当你这么去做的时候，你会发现很多看起来非常表面的事情实际上对塑造企业形象至关重要。比如珠宝店跟其他商店比起来，窗户是最干净的。为什么呢？因为这样你就会向里面看呀！人们不会向脏兮兮的窗户里看去。如果你想卖房子，你是否按照房产经纪人告诉你的那样去做了呢？修整篱笆、修剪草坪、粉刷墙壁，（当然）还要擦干净窗户——一切都是为了提升房屋的"路边吸引力"。

我们选择银行也是基于路边吸引力。你会说，不就是一家银行嘛，有什么可选的。确实！因为所有银行的优惠贷款利率都一样，从这一点来说，银行之间几乎没有什么差别。客户们选择哪家银行取决于三个因素：外观怎么样；内部怎么样；服务怎么样。大多数业务都差不多，除非他们能提供独家产品。

-人们的看法会传染-

几年前，我家附近新开了一家银行。刚开始，这家银行看起来很干净清洁，但是大约两年后，很明显可以看出来，银行不再雇花匠了，也不定期擦窗户了。渐渐地，我发现停在银行门口的车越来越少，即便是在周五（发薪日）。最终，这家银行倒闭了。其实这家银行的地理位置很好，离它最近的竞争银行大约在五英里以外。但就像情绪会传染一样，看法也会传染。如果人们发现其他人光顾一个地方会觉得不舒服，那么他们也会开始回避。我确信这家银行是因为其他原因倒闭的，但我知道一点：从外观上看，这家银行不再能招揽新的生意，它不是一个有吸引力的地方。

加油站和银行差不多，销售的也是同样的产品。聪明的加油站老板知道，加油站的灯越亮，人们越愿意来加油。给人们两个选择，有两家相邻的加油站，一家灯光明亮，花草修剪整齐，另一家灯光昏暗，花草杂乱。人们会选择那家灯光明亮、设施完善的加油站——即便这家的油价略高一两分钱。为什么呢？因为人们觉得安全。安全就等同于舒适，就像物质等同于能量一样。没有安全感，你就会觉得难受，难受积累到一定程度，你的大脑就会做出你不安全的评估。

舒服与安全在很多情况下都可以画等号，比如被困在拥挤不堪的电梯里，或者处在悬崖边上，或是在鞋子里发现了一只蝎子。在我以前工作的一所大学里，没人会去问为什么那么多学生都不把车停在学校的停车场里。当被问到时，学生们的回答很简单：灯光不够亮。他们宁愿把车停在街边的路灯下，也不愿意停在照明条件差的停车场里。照明不仅仅是个舒适的问题，很多公司因为照明不足而被起诉，因为照明不足会引发犯罪。

安全是一个卖点，因为当我们感到安全时，我们就会觉得舒服——显然汽车厂商发现了这一点，所以汽车上安装了安全气囊。说到安全性能，一个安全气囊看来是不够的，我的车有六个安全气囊。人们愿意斥巨资买车，就是因为这辆车的各种安全保障使人们感到无比舒服，特别是考虑到车上有小孩的时候。

迪斯尼的魔力

迪斯尼世界非常了解顾客对企业看法的威力。他们知道游客们来此是希望体验进入魔幻世界的感觉。员工们时常给园内的设施上油漆，因为魔幻世界里没有刮擦、划痕和磨损。如果前一天下过雨，一定会有人提前把设施表面擦干净：魔幻世界不会被水痕和灰尘破坏。据我所见，在迪斯尼所有的夜间游行活动中，数百名表演者身着灯饰服装，没有一盏灯是不亮的，因为他们知道，那盏不亮的灯一定会引起游客的注意。只有让所有的灯都亮着，才能打造出魔幻的场景——每年我打开圣诞节彩灯的时候，很难保证所有的灯都点亮。门票虽贵，但不得不承认，迪斯尼的魔力有一部分来自他们对细节的关注：从安全性到清洁度，再到彬彬有礼的员工——当然，还有永远能点亮的灯光。

仔细想想，你会发现，关注公司的外观细节就像我们在前一章中谈到的自我修饰的行为。我们通过展现给别人一个良好的外表形象来表达我们的尊重。而一些细节方面的化妆品可以深刻地改变别人对我们的印象。因此，要关注"企业化妆品"——企业的环境、声音，还有给人留下的感觉。我问我的客户：你的公司能反映出你是如何进行管理的吗？它能反映出"我们很干净，我们很小心，我们井井有条，我们很顾及公司的脸面"吗？还是说你平常最不关心的就是这些方面？我可以肯定地告诉你，客户会关注这些方面，实际上，他们最先关注的就是这些方面。

配得上凯撒大帝的酒店

我经常在凯撒皇宫大酒店开展教学活动。有一天，我发现一群油漆工正在外面搭架子。拉斯维加斯的酒店之所以极具魅力，是因为人们经常对酒店进行重新油漆，就像埃菲尔铁塔经常被重新油漆一样，所以我对此并不感到奇怪。令我惊讶的是，油漆工们准备了大量的油漆桶，我向其中一位油漆工询问原因。"看见这座雕像了吗？"他指着附近的一座雕像说，"这座雕像比它后面的那座要白一点，因此它更引人注目。酒店对所有装饰物的颜色有一套标准，在这里你可以找到18种白色，20多种米色。"

从机场一出来，映入眼帘的就是这些古朴而壮观的建筑。它们看起来总是那么崭新，大厅里出现划痕，不到三个小时，就会被重新粉饰一新。这里消费很高吧？当然，但人们还是纷纷来到这个极具魅力的地方消遣娱乐；这家酒店的入住率高达92%。美观、漂亮、整洁都会给人带来舒服的感觉，也会给酒店带来更多的收益。这就是人们选择这里的原因。

跨过迎宾毯

当客户踏进你的公司时，客户的体验如何？他们容易找到路吗？有员工马上问候并帮助他们吗？他们见到的景象是井然有序还是一片狼藉？安检台是否专业，是否会令人肃然起敬？接待处是否发挥了接待作用，是否阻止访客看到公司的内部信息？建筑内部是否完好如新，处处显示出"我们关心公司的一切，我们没有任何疏漏"？

无论你的公司占据一个房间还是一整栋大楼，无论你的工作场所是隔板间还是带窗户的办公室，不管你的计划是开放的还是传统的，不管在客户眼中，你公司的设施是先进的还是落后的，基本原则都是一样的：你希望传达有序、高效、实用和正能量。所有这些都在表明一点："你所重视的，我们都给予了高度的关注。"当你巡视工作场所，检查以下事项时，会发现工作场所的非语言因素不仅会影响客户对公司的看法，也会（记住"破窗"实验）影响公司员工的态度和行为。

· 工作场所不是家里。正如我们穿着特定的服装去上班一样，工作单位是公共场所，需要遵循一定的标准。必要的话，像工作服一样，给工作场所也建立一套标准。

· 整洁能建立信任。整洁是在表明："别人将财产、项目和优先权交给我们，而我们是值得信赖的。"

· 尽量不要展现私人信息。与政治有关的贴画、漫画，以及其他"可爱的"或低俗的东西，甚至是私人照片，都会在无意中令人产生不适。一位前同事在桌上摆了一张家庭度假的照片，照片中他的妻子和儿子在游泳池里玩闹。有些人评论说他们觉得这张照片令人厌恶。这位同事也没有想到一个女人穿着最普通的泳衣，站在齐腰深的水里，会在当今这个倡导"政治正确"的大环境中冒犯别人——这也恰好说明我们为什么要意识到我们无意中传达的非语言信息。

· 如果可以的话，使座椅可以自由移动。当人们挨着桌角坐，中间没有障碍时，沟通的效果会更好。并不是所有的工作场所都能这样布置，但如果可以，确实应该这样设计。若是隔着桌子面对面坐着，桌上的设备和其他物品也应尽量不挡住视线，不影响交流。

· 如今电脑对客户来说常常是障碍物。除非员工的工作是数据录入，否则电脑应该摆在办公桌的边上，不要摆在中间，这样才不会变成障碍物。

有时候，我们认为工作场所的环境满足了客户对舒适的需求，实际上并没有。我之前与一家法律公司有生意上的往来，这家公司的接待处非常宽敞，并且布置得很漂亮。接待处旁边有一间小会议室，大概能容纳8把椅子，还有一间大会议室，大概能放下20把椅子。两间会议室的位置呈90度角，所有的房间都是法式玻璃门，这样有利于空气流通。然而，这家公司的主要合伙人告诉我，9个月之后，他们不得不在玻璃门上挂上窗帘。他们发现，涉及诉讼或法律问题的客户不想被人看见。试想一下，他说，一位女士坐在一间这样的接待室里，向她的律师推心置腹地诉说着她在离婚官司中遇到的难题。她需要一个隐私完全受到保护的空间。尽管玻璃门看起来很漂亮，但这家公司意识到保护客人的隐私也是舒服红利的一部分。

-超市里的学问-

食品超市经营不易，大多数人都不知道食品超市的利润率不足5%。如果你从事食品行业，就要尽可能使购物变得更方便、更愉快，鼓励顾客成为回头客，让顾客们以后买食品都来找你。佛罗里达的连锁超市——大众超级市场是美国消费比较高的食品商店之一，但我家附近的一家大众连锁店的停车场里永远停满了车，因为大众超市在关注顾客的舒适度方面做得非常出色。以下是大众超市的一些非语言"舒适信息"：

·停车场里没有杂乱摆放的购物车，这样既不会划伤汽车，也不会把停车场变成障碍赛训练场。推出来的购物车马上会被收回，以提供给后来的顾客使用。舒适信息：您所重视的，正是我们所关注的。

·消毒洗手液就摆放在购物车旁。舒适信息：健康=安全；安全=

舒服。

· 如果你问大众超市的员工到哪儿去找一件商品，他会直接把你领到那里去，尽管这位员工——从收银员到仓库工作人员，再到超市经理——必须停下手中的事情来为顾客导购。舒适信息：满足您的需求是我们最重要的责任。

· 遇到下雨天，超市的员工会打着伞将顾客护送到车里，绝不允许收小费。舒适信息：使您舒服就是我们的工作。

· 员工不可以将文身露出来，男性员工不许戴耳环，不许留长发。员工们需身着合身的工作制服。舒适信息：您可以放心地在此购买家人食用的食品。

正确地构想并创造路边吸引力的意义其实远超出上油漆和挂窗帘，它能使客户走进大门，并使客户心甘情愿地为他们的体验花钱。

今年年初，我打算买一部新手机。我之前做了一些功课，但还有些疑问，而且也想试用一下。于是我走进一家全国著名的手机店，看到指示牌说我需要登记，并等候被接待。房间中央放着一些在公共机构才会看到的椅子，布置摆放的风格看起来好像一家公共诊所。等候的顾客看起来很疲惫，有的已经不耐烦。货品（手机）就摆放在他们后面或者旁边，却只能用眼睛看，而不能近距离体验。我看见样品机用短线固定住或者摆放在玻璃柜台里，客户不方便试用，甚至无法试用。我兴冲冲地来到商店，准备带一部新手机回家，最后却空手而归。

之后我又来到了苹果专卖店。一进门，就有一位员工上前询问我的需求。

实际上，有很多员工在那里等待招呼顾客。我跟她讲了自己的需求后，她带我走到试用区，并且轻而易举地回答了我所有的问题。能得到如此迅速又饱含信息量的回应，多么令人欣慰——而且，我还可以试用手机。

选好手机后，我不用排队等待结账，这位年轻的店员用腰上挎着的移动设备就帮我把账结好了。她还说，等我回到家后，会有一份收据发到我的邮箱里（确实是这样）。与一家本可以有15个收款台，但工作日只开放2个收款台的折扣店相比，我觉得在苹果专卖店的购物体验简直不可思议。折扣店的做法传递出什么信息呢？我们只看重你手里的钱，不在乎你的时间。

不难想象，我去过的每一家苹果专卖店都人满为患。迈阿密附近的阿文图拉购物中心每天都有接顾客来苹果专卖店的班车。光顾苹果商店成了一件大事，不仅是因为苹果商店的产品优质，更因为苹果的员工真正为顾客考虑。我的德国朋友们来美国时就会去苹果专卖店，因为他们非常享受在那里的体验，走的时候总会买些东西回去。让人们把光顾商店作为一项活动安排，有多少商店能够做到这种程度？恐怕没有多少。

-没有太矮的灌木丛-

"我们一整天都在忙着制订应急计划。"安保部负责人巡视的时候跟我讲。他指的是布希花园的工作人员预测到当晚将出现严重霜冻时给出的应急预案，因为严重的霜冻会毁坏坦帕湾园区内大量的植物。每一株被毁坏的植物在第二天早上都会被换掉。"我们换的时候，不会这边换一点，那边换一点。"他说，"我们会把一整排都换掉。"奥吉·布希一直坚持一个理念，人们来这里，就是来看漂亮的花园的，就算刚刚遭受了霜冻，也不能影响景观。游客们希望看见花，所以我们在花房里预备了很多，随时准备替换掉被损坏的花。即使游客早上九点钟就来了，看到的也是如魔法般未受到损坏的花园。

这些例子看起来非比寻常，但其实没有那么夸张，它们都是从上至下满足客户需求的好案例，上至公司的宏观策略，下至微小的细节。前不久，我开车经过我家附近，看见一辆联邦快递的运输车停在一个提货箱旁，司机正在用稳洁①清洁提货箱。这就是一个从上至下满足客户舒适需求的完美案例，我们从美观和洁净这些细节中获得了舒服的享受——由此，聪明的企业也会获得回报。真相是，我们都偏爱美观、干净、有条理，这是我们人类的天性。

展现你的毕恭毕敬

最近，有人请我评估位于纽约的一套新装修的办公室的非语言传达效果。这套办公室看起来很棒：简洁的线条，充足的采光，时尚却不浮夸；你能看出经营者非常聪明，富有活力，他们做得很出色，而且将继续保持良好的表现。这家公司处理大量的资金业务，掌握大量的客户个人信息。"只有一件事疏忽了，"我跟我的这位客户讲，"而且这件事是你们必须要做的。每个房间都要配上碎纸机，而且要保证你们的客户可以看见它们，特别是在会议室和会客室里。"

---

① 一种玻璃清洁剂。——译者注

"你们都很年轻，公司刚成立六年，而且业务又涉及别人的资金。"我解释道，"你们要给客户留下一个正确的印象，那就是你们不仅对项目很认真谨慎（这就已经帮你们赚了数百万），对个人信息也很认真谨慎。

"开完会离开会议室时，将没用的纸粉碎掉。你们的客户，和我们一样，都知道商业间谍活动和身份信息盗窃行为。他们很清楚行业标准，你们每粉碎掉一份信息，客户对你们的评价就会更高一点。"

碎纸对于金融行业或是涉及个人信息的行业的意义，就像洗手对于卫生健康行业的意义一样。由于身份信息盗窃现象越来越多，我这位客户非常赞同设置碎纸机的建议，这种清晰的安全意识会为公司带来更多的生意。

他们之后告诉我，尽管无法统计碎纸机带来的回报，但每次客户看见它们被频繁使用，都会由衷地感叹："多好的点子啊！"这件起初看起来再普通不过的事，最后成了保护客户信息的最佳实践。

我的另一位客户，也是在一家投资公司工作，对我说他们在行业信息领域一直处于领先地位，可以为客户提供最好的投资建议。"那太棒了。"我说，"但你们的客户怎么知道你们提供的建议是最好的呢？"他一下子陷入了困惑。我继续说道："你希望客户了解你们处于行业信息领域的最前端，人类是视觉动物，他们需要看见你如何处理信息，没有什么比一台大屏幕的电脑更能打动你的客户了。你不能和其他人一样，坐在小隔间里面对着一台小电脑——这样看起来和客户在家里没什么两样，不会显示出你在处理信息方面有多厉害。你要让他们看到信息是以这里为中心传播出去的，你的办公桌上需要有一个'大屏幕'，就像电影《奇爱博士》里一样。这种超大显示器会把你们公司和我今年拜访的其他23家投资公司区别开来。你的技能对你的帮助毕竟有限，所以要在别的地方下功夫去吸引客户。"

他们确实按照我说的去做了，并且发现客户们会停下来看看他们的资金是如何在这些大屏幕上运作的，而之前这些信息只有内部员工可以看到，或是打印出来看。这样一个小小的投资具有非常重要的象征意义，使公司的形象更加庄重严肃，也吸引了更多的客户。

很多非语言信息传达的成本都不会太高。比如名片，价格不贵，但渗透性很强，因为它们会被送到潜在的客户手中，我习惯称之为"路边扩展器"。你的名片应该反映出你所在行业的标准——银行家和律师的名片与房产经纪人的名片在外观上就有所不同，房产经纪人的名片上通常都会有他们的照片。名片上要避免出现滑稽的图案。研究行业标准，然后在名片上呈现出来，你会为此感到高兴。

如果你正待业或是正打算换工作，制作一些名片（不管是自己在家里用电脑做，还是到外面找人做，都很容易，而且成本不高），用名片来包装自己。如果你已经确定或是怀疑自己马上要离职，就要开始用你的个人名片来建立朋友圈和关系网了。尽量设置一个固定的电子邮件地址和电话号码，并保证长期使用。如果联系不到你，很少有人会打听你的新电子邮件地址或电话号码。

我也提倡用徽章来作为"路边扩展器"：佩戴徽章标志着我们是公司的一员，会吸引别人的注意（装饰品实际上就是起这个作用），还可以帮助我们和别人展开对话，甚至招揽生意。有一次，我因为戴了我所在公司的徽章，有幸被选为研讨会的成员。我们公司的徽章看起来像个拼图，会引起别人的注意："真是个有趣的徽章，是什么呀？""是一个拼图，我通过教人们如何读懂非语言信息来完成拼图。""你知道吗，我们公司正在寻找一位发言人……"这一切都是因为一枚小小的徽章。

如果你还感觉不到徽章的重要性，不妨看看有多少家公司的员工胸前佩戴有公司的标志徽章。这些小徽章会引起人们的注意。美国前总统奥巴马曾在大选前被美国有线电视新闻网主播卢·多布斯批评，他认为奥巴马身上应该体现出更强烈的爱国情感，最好能在胸前佩戴一枚美国国旗徽章。果然，在后来的每次公开亮相中，奥巴马都会佩戴国旗徽章。

除此之外，通过小装饰来帮助我们提升路边吸引力的方式还有很多，只是很多时候我们都没有想到罢了。以你的手提箱为例：箱子上可能贴着徽章或是行李标签，帮助你一眼就认出这是自己的箱子。也许这些小装饰吸引了某人的注意，你们随即便开始了一段对话。谁知道你的下一个客户会在哪里出现呢？

员工的表现取决于标准的宽严

表现不好的员工身上经常会体现出破窗理论，因为工作环境欠佳，他们才会表现不好。就像穿着不专业的服装致使行为不专业一样（见第五章），不注重工作环境的细节，最终会慢慢影响员工的工作态度和表现。当我住在一家墙壁破旧不堪，踢脚板已经脱落的酒店里时，我就知道这家酒店平时非常不注意维护酒店的设施。如果管理人员允许这种松懈现象出现，那么员工们的表现自然也会松懈，刚开始可能只表现出一点点，之后会愈演愈烈。实际上，他们平时一直被训练不去关注这些方面，所以他们动作粗暴地搬运东西，在走廊里越来越大声地讲话，穿着随意，开始不在乎公司以及自己的本职工作。不久之后，他们就会用行李箱、清理房间的推车划伤墙角，所以如今磨损的墙面上坑坑洼洼，走廊里又黑又脏。

当管理人员重视修缮工作场所，关注细节时，员工们也能接收到这些非语言信息，意识到细节极为重要。那么又会如何呢？他们会因此而自豪。我怎么会知道？因为我曾与这些行业的员工聊过此类话题，他们为身处这么优秀的公司而感到自豪。你见过谁希望在一个平庸的地方工作？人们希望有一个可以引以为豪的工作场所，为维护工作场所贡献自己的一份力量，他们也会因此而感到自豪。管理层重视起来，员工们才会重视，顾客们才会注意到。

如果你事先没有和员工交代清楚你的预期，就不要怪员工没有把工作做好。你也无须盛气凌人——交代清楚就好。设立礼仪标准，明确员工接待客人的规范：等多长时间会有人接待？销售人员或者服务人员该说什么？销售人员和服务人员很显眼，他们尽力给客人留下好印象了吗？

-成功的企业做对了什么？-

1982年，汤姆·彼得斯和小罗伯特·H.沃特曼出版了《追求卓越》一书，这本畅销书分析了美国杰出企业的实践。两位作者发现，这些成功的企业基本上拥有八个特征。有趣的是，有一半特征都与非语言行为有关：积极主动而非不作为；迎合客户；以身作则而非纸上谈兵；深入基层。在彼得斯和沃特曼看来，在特定的情境下，一位商业人士能够采取行动去解决问题——去做一些事情，并且去做正确的事情——对成功来说是极为宝贵的。不作为，通常是害怕（不动反应）、怀疑或者缺乏信心的表现，这些足以毁掉一家老牌企业，也一定会阻碍初创企业的成长。

你的员工有信心采取行动来保证客户的舒适度吗？你有信心吗？

我一直非常欣赏万豪酒店对员工进行培训，跟员工讲清楚公司对他们的期望。举个例子，万豪酒店规定每名员工——无论是女服务员、洗衣部的员工、服务员领班还是酒店经理——早上见到客人都要说早上好，而且要让客人感受到问候是发自内心的。这样做会给酒店的面貌带来很大的改观。在别的酒店，员工们走过时看都不看你一眼，好像做错了事羞于见人一样。但是当你走进万豪酒店，员工们热情地跟你打招呼时，你会产生一种很特别的感觉，这家酒店随之也会让人感觉很特别。

这些小事其实很重要。几天前，我在本地的一家餐馆吃饭，看见一个服务员在等餐的顾客面前发短信。有什么事情这么重要，需要中断工作去处理？这就是需要培训的地方：在工作时间，不允许使用手机，休息的时候才可以用。最近，我甚至看见空乘人员在飞机舱门已经打开，乘客们陆续登机时，还忙着打电话、发短信，对乘客们不管不顾。

下面我要谈到最重要的一点，任何非语言的力量其实都比不上一个积极的态度，用微笑来与人沟通。前几天，我想找一家咖啡馆跟客户见面。我走进一家咖啡馆，看到收银台上一张名片也没有，我便问收银员是否可以给我一张名片。她当时正忙着给顾客结账，看也没看我一眼，也没告诉我过一会儿再来招呼我，只是简单地回了一句："我们现在没有名片。"就凭她这句话，我再也不会来这家店。与之相反，我又去了一家新开的餐馆，这家餐馆虽然也没有名片，但是收银员给了我一份菜单的复印件，微笑着对我说："先生，我们的联系方式在这里。"

这一章里举了这么多例子，从汽车旅馆的入住登记处到食品超市，再到电脑商店，要讲的就是这一件事：**付诸行动要比不作为好得多。**

比尔药店是佛罗里达布兰登地区一家非常有名的药店。多年前，约翰·诺列加从他父亲比尔那里继承了这家药店，无论从哪个方面看，自1956年创立以来，这家药店都是一个成功的案例。这家旺铺与一家沃尔格林药房相邻，方圆一英里内还有三家国家级药店。即便如此，人们还是愿意从奥兰多驱车一个多

小时来比尔药店买药。这是为什么呢？因为这家药店里的每一位员工都在积极
行动，再难的问题，他们也能够尽力处理好。担心保险公司不给你赔医药费？
药店的员工会联系保险公司帮你解决。担心医生不接你的电话？老板会亲自给
医生打电话。如果你没法开车来，药店会派人来接你。如果你需要有人帮你解
释什么问题，药剂师会帮你解答，而不是仅仅递给你一张打印出来的说明书。
当你走进比尔药店的大门，马上就会有人来接待你，他们甚至可以叫出你的名
字。试想一下：在当今这个时代，还有几家药店能给予顾客这样真诚的服务？

我家附近就有两家药店，但我还是会驱车28英里去比尔药店，因为这里
的服务和友好的气氛值得我这样做。你住的地方有多少家店铺也是这样的情
况？比尔药店不怕竞争，因为就药品和服务来讲，比尔药店甩了同行几条街。
实际上，作为行业中的典范，几乎没有哪家药店可以效仿比尔药店。因为信誉
好，人们愿意开车光顾。比尔药店的经营模式非常简单：好好对待你的顾客，
顾客一踏进门，就立即采取行动为他们服务。难怪顾客们会一次又一次地开车
过来。

与行动同样重要的是态度。虽然我们无法衡量态度，但态度的好坏可以从
销售损益中体现出来。大多数情况下，态度是通过非语言形式表现出来的。走
进一家商店，接待我们的员工态度极其恶劣，我们会对这些受到怠慢的经历记
忆犹新。我们从这些员工身上观察到了什么？从皱眉到轻蔑的表情，全都体现
出了对方对我们的轻视。我们可不是来看谁的脸色的，作为消费者，我们要坚
决抵制这种行为。

另一个关于态度的例子截然相反。我想起了纽约的一家世界级银行，接
待员会站在门口向每一位顾客打招呼。其实，让顾客有特别的感觉——换句话
说，非语言信息传达非常容易实现，不需要花费多少力气，却能给人留下深刻
而美好的印象。

要让你的员工知道表现和业绩同样重要，二者不应该互相否定，而应该互相促进。最理想的方式是在雇用员工之前，将你的这些期望讲清楚，而不是之后再说。我发现大多数员工都期望变得优秀和成功，这就要靠我们这些有更多一点经验的人来教他们，怎么做才会给客户留下深刻的印象，他们又该如何自我调节。一旦知晓了这些，员工们便会大放异彩。

说到制定标准，要记住人们看重同步性，模仿会令人感到欣慰舒服。在行为和表现上有着共同的标准会令人感到舒服，由此而形成的凝聚力会使员工和客户都受益。这种团结一致有很多名字：士气、团队精神、共同愿景、团体精神。我将其称为通向卓越的王者之路。我们必须要做到这一点，我们可以通过适当的注意和关切来增强凝聚力。

最后一点，当然也很重要，那就是通过你的非语言信息向员工传达行为标准：你如何跟客户和员工打招呼，如何对待他们；你如何维护你的办公室，如何打理你自己；你采取什么样的态度、什么样的行事风格与人打交道。换句话说："我怎样做，你就怎样做；我说什么，你就说什么！"

说"您好"的那个人

去年，我受邀前往位于曼哈顿的时代华纳中心参加一个电视节目。时代华纳中心可以说是当地的地标性建筑，内部也有很多著名的企业，能在时代华纳的节目上露脸，我非常激动。可是要进入演播室，我必须先到接待处确认入场资格，并接受安检。我走到接待员面前，当时她正在把身份证件按顺序码好。我就站在她面前，但她始终没有抬头看我一眼。"我在听。"她说道。

我什么都没说。

她依然没有抬头看我，说："我还在听呢，你讲吧。"

"那好吧。听我说，"我回答道，"请坐直了，看着我的眼睛说：'下午好，先生。'"

这时，她看向我，脸上显露出的表情分明表明她的无礼举动突然被某人制止，而这个人无比威严，使她无法回避。我直勾勾地看着她，眼睛眨都不眨一下，她马上意识到自己做错了事，撞到了枪口上。我说明了来意，之后她便试图对自己的无理行为进行解释。

建造这座大厦花费了数百万美元，包括其中的艺术品，但大厦在严格培训员工和维持标准方面是失败的。现在每当我路过这座大厦，我几乎记不起录制节目的事，满脑子都是那个接待员和她冷冰冰的不招人待见的话："我在听。"我都能想象出每天造访这里的客人是怎样的心情。我再次批评这里的测评体系，以及一直姑息接待员以这样的态度接待客人。

其实，前台接待人员和电话接线员会给客户留下对你们公司的第一印象：这是客户与你们公司的第一次接触。我跟我的客户讲："你花成千上万招聘人才，又花好几万来培训员工；别忘了客户见到的你们公司的第一个人，那个人绝不会是你。员工无疑会把他接待客人的方式用在其他人身上，他们为造访公司的客人们定下了情感基调。所以，他们对待公众不应该是随意的或者存在侥幸心理。"第一印象很重要，因为我们对新环境总是非常敏感。

做接待工作其实并不容易。通常做这一行的人工资都不高，管理上将做接线工作、前台工作及其他支持性工作的人都归于接待员。坐在这个位置上的人需要了解客户的期望，知道如何平衡手头的工作，既能接待好眼前的客户，也能使其他客户感到舒服。

好消息是：只要稍加培训，就能达到基本要求。一个小时就够了，利用好这一个小时，说明以下事项：

·明确向客户打招呼时使用的语言（见"八个神奇的词"），一定要强调这是唯一允许使用的语言。

·强调眼神接触的重要性，访客会感觉受到了尊重。

·规定优先顺序：当你面前有客人时，先把手头的工作放一边。如果你刚好在接电话，就先把电话接完，再接待面前的客人。

·向员工解释电话铃一响立马去接听确实可以理解，但是当你面前站着一位客人等候接待时，你就要克服这个习惯："如果事情很重要，客户会再打来，但是你面前的这个客户可没有再打来的机会。"

·讨论恰当地保护公司和客户的信息——包括交谈中透露的信息、文字信息，还有屏幕上显示的信息。

·再回顾一遍公司对员工着装的规定，讨论第一印象的重要性。

-八个神奇的词-

这里有八个神奇的词，能表达出欢迎和尊敬，因此会让人感到非常舒服。跟客人打招呼时，接待员应该使用这些词："早上好（或下午好），先生（或女士），有什么需要我帮助的？"①

跟你的员工强调，不要使用其他问候语。不要说"怎么了？""嘿，你好吗？""我能帮你吗？""你好呀！""嘿！""什么事？""什么？"或是"我能为你做什么？"。唯一允许使用的问候语就是："早上好（或下午好），先生（或女士），有什么需

---

① 这里说的八个神奇的词，是指英文"Good morning(good afternoon), sir(madam). How may I help you?"这句话中的八个单词。——译者注

要我帮助的？"而且说的时候，要面带微笑，有任何偷工减料都是不允许的。

以下是说问候语时的非语言方面的要求：

· 目视对方说出问候语——这样做可以让客户感受到尊敬，也可以显示出你在全心全意地为他服务。

· 面带微笑地说出问候语，就像应聘时对面试官做的那样——记住，微笑是一个重要且有力的非语言行为。

· 如果你正在接电话，那么一放下电话，你就要向客人问好。

· 接待好眼前的客人之后再接下一个电话。

· 如果客人向你提出需求，要尽可能迅速地处理。

· 向客人说明你会帮他们做什么。

· 无论出于何种原因，都不要转动眼睛、傻笑，更不要冷笑，或者做出其他失礼的非语言动作。

· 工作的时候不要看杂志，不要在网上跟人聊天。

· 工作的时候不要打私人电话。你可能认为不会有人知道你在跟朋友打电话，但实际上明眼人一下子就能看出来。

保证细节

一旦你制定了标准并清楚地传达给员工，你就要注意维持你们公司的路边吸引力。标准在贯彻执行的过程中会逐渐下滑。没有人故意想敷衍了事，但是我们的工作真的太忙了，我们都有注意力分散的时候，很多时候没有投入足够的精力去保证严格贯彻行为标准。忙的时候，我们几周甚至几个月都不会说"八个神奇的词"。电话铃一直在响；客户没有被问候，也没有得到及时的接待；本来是想让大家在等候的时候喝杯咖啡，才购置了精美的咖啡壶，如今小厨房的操作台上却满是没有清洗的咖啡杯；走廊里堆满了文件盒；停车场的灯也烧坏了。这些问题客户都会看在眼里——可能在几秒钟之内，就注意到了——所有的一切都记在脑子里，形成了永久印象。有时候，只要一个人就可以毁掉之前所做的很多努力。切记闪电式判断的威力和自上而下满足客户舒适要求的使命，在细节或者看似微小的事情上，永远不要掉以轻心。

网站：公司的门面

回答下面的问题：

如果人们打开一个网页，但没有找到所需要的信息，那么他们会在多长时间内关闭这个页面？

a）3秒

b）7秒

c）10秒

d）15秒

答案是：7秒。

公司的网站是一个非常明显的非语言因素——也许是客户首次接触你们公司的渠道。实际上，如果这种接触从语言上体现出来，通常是一个不好的信号：客户在抱怨贵公司的网站运行速度很慢，而且导航非常差。

　　我发现商务人士很少问这个问题："你认为我们公司的网站怎么样？"但我们仍然要对公司的网站进行评估，不仅要让公司内部的员工体验，还要征求公众的建议。如果你这样做了，你或许会听到这样的评价："加载时间太长"，或是"内容有些散"，或是"我花了好一会儿才找到我要的信息"。要重视这些用户反馈，因为作为一名首席互联网研究员，埃米·阿非利加发现，人们在一个网页上停留的时间非常有限。如果他们在七秒甚至更短的时间内没有找到自己想要查找的信息，除非这是他们非常需要的信息，否则就会去查看别的网页了。

-网站非语言信息的黄金法则-

　　· 加载速度一定要快。

　　· 商务人士希望快速得到有用的信息，而不是花里胡哨的信息。

　　· 视觉体验要好：颜色不能太鲜艳，也不能有过多的分散注意力的动态图，页面上的信息要便于阅读。

　　· 选项不要太多。用户比较能接受每个页面上有四到五个选项。相比把很多令人眼花缭乱的选项都列在同一个页面里，用户更喜欢分页进行选择，否则信息太多，难以查找。

　　· 每一个新设的选项都应该提高访客在网页上的参与度，要实现这一点，就需要根据客户需求提供定制服务（分类信息）。

　　· 当客户进一步搜索时，要能得到视觉上的奖励（点击"皮划艇"，就会弹出皮划艇的图片；点击"水上达人"，就会弹出正在河边划皮艇的人的图片）。视觉体验会赋予语言信息以情感。不要忘了视觉皮层在人类大脑中占有很大一片区域，要使它一直处于活跃状态。

·"快速清晰"胜过"慢速复杂"。快速弹出一个简单页面要比加载很长时间才能弹出一个复杂页面更受欢迎。也许你们公司是行业中的佼佼者，但是如果公司的网页加载太慢，客户们就永远不会知道你们有多优秀。

·鼓励客户们在网站上下订单，填写注册信息，联系帮助中心，或是为客户提供便利的"立即购买"通道。

公司花大量的资金创建精美的网站，但是如果客户们无法快速进入网站，或是网站不能满足客户的偏好或者上网的习惯，那么公司就等于花钱推掉生意。网站是你和你的公司的非语言扩展器，仔细想想它会给你带来怎样的影响，并且要好好维护它。

||||||||||

我的一个朋友在提及人类为了战胜逆境而激发出能量时，常说"每个人都有自己的故事"。他说得很有道理。我们从来都没有真正了解过我们的客户的故事，我们从来不知道他们的境遇或是所做出的牺牲，他们便将一生的积蓄都托付给了我们。那台新电脑或汽车很可能是他们期待了很久，攒了很长时间的钱才买下来的奢侈品。那栋房子可能是一对夫妻的第一笔大额投资。那次海滨之旅可能是一对老夫妻在一起度过的最后一个假期。当我们尊重客户对我们的信任时，自然而然，我们就会期望自己对得起这份托付。路边吸引力会帮助你把这份渴望展示给你的客户，也会帮助你更好地为客户服务，对得起他们的信任。我们的工作就是丰富客户们的体验，而在这个过程中，我们也将收获满满。

第 七 章 V

实战篇1：
五种工作情境下的
非语言策略

代表船运公司的四名律师和两名助理站在接待处——清一色的深蓝色西装，手持律师专用记事簿一字排开，毫无疑问，他们是按小时收费的。我当时在那里给一位律师朋友帮忙，他是原告的代理律师，原告被船运公司的一辆卡车撞倒后瘫痪了。被告律师们来到我朋友的办公室，显然首先是来取证的，同时也是给我朋友一个下马威。

当我朋友问我的看法时，我说："他们来这儿是为了吓唬你的委托人，我们必须迅速做出反应。他们从未说过要派一个律师加强排来，我们不能让他们得逞。"

我们立即让办公室的其他工作人员都进入主会议室，这样里面看起来好像正在开大会。我朋友、原告和我来到最小的一间会议室，只能容纳五个人。几分钟后，我朋友走出会议室邀请被告代表们进来。当他们走进这间小会议室，意识到空间狭小这个问题后，沉默了一阵子。最终，他们经过内部讨论后决定：一名律师和一名助理留下，其他人离开。

其实我们还用了其他策略：我们让对方的辩护人尽可能挨着我们的原告受害人坐。我们确保对方的助理坐到最后一把椅子上，这样我朋友就可以在整个会议过程中保持站立，在这间小会议室里显得更有距离感，更有支配感。无论对方脑子里想着怎样在气势上压倒我们，都被我们扼杀在萌芽状态。

这件案子持续了几个月，但是他们再也没有用过这个招数。实际上，仲裁时对方只有一名律师出席；他们得到了教训。最后，虽然他们连吓唬带拖延，但还是按我们的要求进行了赔偿。原告身体上受到的伤害是永久性的，他再也站不起来了，他将一直处于痛苦中，而对方有责任在他后半生的生活中照顾他以及他的家人。案件的脉络很清晰，所有的拖延、边缘政策以及威胁最后都无济于事，但其实结果本来可能跟现在恰好相反。我朋友的律师事务所规模很小，但他绝不允许自己的委托人受到胁迫，这一点我很欣赏。如果我们最初没有采取对策，那么原告可能就会感受到来自对方的压力，甚至感到沮丧，而这是事故受害人面对强大的组织机构时常常遇到的情况。这些东西你在法学院里是学不到的，而且我怀疑商学院也不会涉及，但它们对于公平竞争是非常重要的。

我在前面的章节里讲过，做生意时，让客户感到舒服是很重要的，但我刚刚又举了一个反例，这看似矛盾。我这样做是有充分理由的：第一，如果你在非语言表达方面的智商足够高，那么引起别人的不适简直易如反掌。第二，正因为第一点，所以你要谨慎运用这个能力，除非别人试图威胁或强迫你。第三，当你身处不利境地时，可以利用这些非语言技巧占据优势。第四，你的非语言影响力应该在你跟别人打招呼时就施展——或者正如你接下来要了解的，越早越好。

与人初次见面时的非语言行为

与人初次见面的重要性怎么讲都不为过。这是陌生人之间的第一次近距离接触，用五官感受彼此：看他、听他、跟他讲话、闻他身上的味道，然后（经常）与他有一些身体接触，通常通过握手来实现。在这最初的几分钟里，我们便形成了对他人最初的也是最重要的闪电式判断，彼此之间形成了最初的社会联系和最初的印象。由此我们最初的信任纽带得以建立，因此这绝非小事。

接近男士vs接近女士

就初次见面来讲，接近男士时，彼此之间应该有一个角度，而非正面接近。如果你发现这很难实现，那么在互相问候之后，将身体稍微向侧面转一点，这样做更有利于营造一种和谐的氛围。即使是遇见一位老朋友，也要转向一侧，你会发现这样交流起来更加舒服。

相反，接近女士时，身体侧向一旁就会让她感到不适。最好迎面走向对方，给对方留更多的空间，然后一直保持这个位置，直到对方以非语言方式调整到更舒服的角度（见图37和图38）。女士对空间侵犯或者过早地表现出友好尤其敏感，因此我们要明白这一点，等待对方的暗示，再调整到一个更舒服的角度。

图37　握手是人们初次见面时被允许做出的身体接触，你握手的方式要与对方保持一致

图38　站立的时候，彼此之间形成一个角度，比正对着对方更有利于交谈

当你试图加入另外两个人的谈话时，请注意，如果这两个人是面对面站着讲话，他们的脚指向彼此，那么这很可能意味着他们不想被打扰。他们跟你打招呼时可能转了一下上半身（只是出于礼节），但他们"诚实的脚"没有改变方向，就说明他们不希望被人打扰。

握手的学问

正如我们刚刚讲到的，握手是初次见面体验中的高潮，因为握手的时候，我们允许别人进入我们的私人空间，并且与我们有身体接触，而这种时候并不多。接触非常重要，因此有很多社会文化规范明确约定了身体接触在什么时候是被允许的，以及我们和别人打招呼时如何运用身体接触。在有些地方，人们打招呼时并不握手；他们可能会亲吻、拥抱、蹭鼻子、贴脸颊，或者做出其他举动。握手或许是最常见的打招呼的方式了。

在纽约，握手是很直接的：两只手紧紧地握在一起，持续几秒钟，并伴随着轻微晃动。握手时，身体应该正对对方，眼睛直视对方，面带真诚的微笑。在犹他州，手可以握得更紧一些，握手的时间可以更长一些；在洛杉矶，握手的时间会短一些；在中西部，人们可能会向对方挥手，而非握手。在哥伦比亚的波哥大，跟其他许多国家一样（比如罗马尼亚、俄罗斯、法国、阿根廷），人们和男士握手，而对于女士，如果她们觉得舒服，她们会献上脸颊，接受隔空亲吻，这在商业场合和社交场合都比较适用。正如你所见，环境、文化、社会规范都会极大地影响打招呼和身体接触的舒适度。

我们都曾有过给我们留下糟糕印象的握手经历——对方把你的手握得太紧；或是晃动得太厉害；或是把你的手腕转到下面，他的手顺势放在上面，给你一种低人一等的感觉；或是用他的食指触碰你手腕的内侧；或是蜻蜓点水般地握一下你的手。还有最糟糕的一种握手方式，我希望读到本书的人都不要这样做，那就是"政客式握手"：用双手完全包住对方的手（见图39）。没人喜欢这种握手方式，所以别这样做。如果你想让别人知道你很喜欢他/她，就不要采用政客式握手方式。你可以用另一只手扶住他/她的手臂或是肘部（见图40）。

图39　"政客式握手"是用双手包住对方的手，千万不要这样做

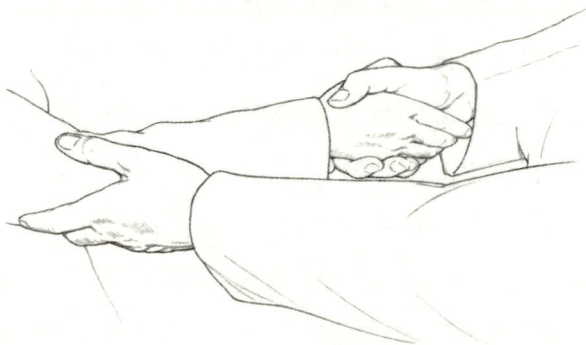

图40　如果你想加强握手的力度，可以像这样扶住对方的上臂或肘部，而不要用你的手包住对方的手

我们现在知道了错误的握手方式，那么我们怎么确保握手的方式是正确

的呢？这取决于你是谁，以及你在哪里——换句话说，取决于当时的情境。你要记住，最重要的一点就是要按照对方的方式握手。要善于察觉对方握手的力度，并施以同样的力度——不要过大，也不要过小。一次正确的握手会让人感到舒服。如果你和别人握手时感到非常不适，无论你做出什么反应，都不要在面部表情上表现出来（很多人会不自觉地做出这样的反应，所以要时刻注意）。继续握手，进入下一个环节。记住，不是所有的文化都推崇强有力的握手方式。

-黄金接触-

我如此强调初次接触的机会，是因为我们知道接触对建立融洽、友好的关系影响重大。科学研究表明，身体接触会带来"红利"。接触会使人释放后叶催产素，这是一种大脑分泌的与建立关系有关的化学物质。实质上，接触会使我们在对待别人时更加圆通。因此，接触得越多，别人越会觉得我们值得信赖，我们也越容易和别人建立起温暖、合作的关系。餐馆的女服务员早就在日常的服务中洞察了这一点：当她们与顾客有身体上的接触时，顾客们会给更多的小费。对我们而言，温柔地触碰对方的前臂以强调某一点，或是引领对方入座，也可以使对方感到舒服。说到这里，我还得强调有些人不喜欢被别人触碰，对此你也要有所察觉。但是在大多数情况下，接触是一件好事。

要把握好个人空间

下面我们来谈谈空间需求，因为我们在握手之后，经常马上就会碰到个人空间的问题。你的个人空间需求——也就是你需要周围留出多少空间，才会感到舒服——是一个私人问题，同时也与文化因素有关。你成长的环境经常会决定你需要多大的个人空间。如果你来自地中海国家或者南美洲，那么当别人站得离你特别近的时候，你会感觉舒服。而如果你来自北美，那么别人要距离你至少一臂之远，你才会感觉更舒服些。人类学家爱德华·霍尔对此有着广泛的论述，他还创造了"空间关系学"这一术语来描述这个我们人人都需要的、无形却又确实存在的空间气泡。

霍尔发现，并且你目前也了解到，我们所有人都有自己的空间偏好。在拥挤的电梯里，你可以接受别人离你只有几英寸远，但是当你从ATM机里取钱的时候，你就接受不了别人离你这么近。这种违反空间关系学的行为，尽管是无意的，也会使我们的大脑边缘系统产生消极的反应，引起我们的警觉，使我们紧张——事实上，太紧张的话，我们会无法集中注意力。

我们若想避免引起他人的不适，只需在第一次见到某人时，评判一下对方的空间需求。握手之后，向后退一步，观察对方是会走近你，还是站在原地不动，还是向后退，还是身体稍稍侧转。从这些举动中，你都可以看出对方的空间需求，因为对方根据你的位置进行了自我调节。通常的情况是，如果两个人彼此增进了好感，那么在交谈过程中，他们就会越来越靠近对方。

尽管尊重空间需求很重要，但是也不能一概而论。有些人就是喜欢离别人远一些，而有些人，如果你不离他们近一些，他们就会觉得受到了冒犯。每种文化都是不同的，所以你需要具体了解与你会面的人的需求。在地中海地区和拉丁美洲，还有阿拉伯国家，人们会站得离对方很近；在其他国家，人们则喜欢相互之间保持一点距离。了解人们的空间偏好的唯一方法就是近距离观察，并且遵循当地的习俗。

等级和地位也会影响空间需求。全世界都一样，地位较高的人会希望你不要离他们太近，给他们更大的空间。他们可能会向后退，或是转到你的侧面，或是把手背到身后（这个动作的意思是："别碰我，也不要靠近我！"），以此向你传递信号。地位较高的人也许还会通过一种更加谨慎的方式来向你传递信号。你要注意，当一个人——通常是上级或者地位更高的人——跟你握手的时候，他的另一只手揣在外衣口袋里，只留大拇指伸在外面，其实是在说："我们的地位不一样，我的地位比你高。"（见图41）大学教授、律师和医生常常会做出这样的举动。不要让这样的举动影响你；意识到这一点，欣然接受就好（当然他们也可能并无此意）。

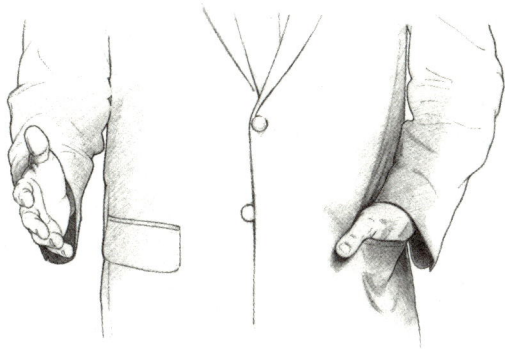

图41　大拇指伸出口袋表明对方处于更高的地位，意味着"我们不在同一个等级"

会议中的非语言因素

当我做有关非语言行为的讲座时，我经常讲有两种类型的会议，可以用两个词来描述它们：白宫式会议和戴维营式会议。白宫是美国总统出席官方会议的地方，容易让人联想到礼仪、权力、特权和程式化。戴维营是总统休假的地方，让人联想到的是隐私、亲密和休闲。因此，一些政策和对外关系方面的突破性进展是在戴维营取得的，也就不足为奇了。为什么呢？其中一个原因就是，在一个舒服、非正式的环境中，人们常常会感到更加亲切。环境影响心境，这是毫无疑问的。

像戴维营这样的轻松、私密又漂亮的环境，会创造一种友好的社交氛围；这会促进沟通，延长会面时间（无须赶时间），也利于人们拿出解决问题的态度。这里的座位布置也比较随意：宾客们挨着坐或是围着坐，而不是面对面坐（后者是最糟糕的方式，往往会把事情搞砸）。在这样的氛围里，人们相互感染，更加放松，因此人与人之间的障碍也少了许多。参会者可以在这里散步（出于同步式行为和镜像反射，有助于敞开心扉），也可以参加一些娱乐活动，比如骑行。还有一项重要活动，大家可以坐下来一起吃顿饭，而不是简单地吃些快餐。为了达成思想上的一致，你能想到还有比一起吃饭更好的创造氛围的方式吗？

这两个例子——白宫式会议和戴维营式会议——告诉我们，选择哪种会议形式，取决于我们想要达到的效果。有时候，我们需要脱离原有环境，这样有助于我们"打破条框"思考问题，不用担心时间、电话、邮件和紧急事件，也不用考虑平时所处的环境。而召开一些紧急会议或是需要快速做出决策的时候，还是需要中规中矩地布置会场的。所以，你要知道，研究表明，环境会影响生产率、心情，甚至创造力。

人们总是对开会抱怨不已，但是一场组织有序的会议有助于增进和谐融洽的关系。我们都是社会动物，需要时常聚一聚。我在FBI执行任务的时候，经常好几个月都见不到其他同事。因此，每隔一段时间，我们都会聚在一起，聊聊工作和各自的生活，这对我们都有好处。孤立和独立是两个不同的概念。美国人以独立行动能力和积极主动性著称，但孤立是不健康的，甚至会发展成病态。在家办公的人经常跟我说他们非常怀念能与他人互动的日子，即便只能偶尔和工作伙伴见面聊聊。所以，为了整个团队，成员们要定期相聚，让每个人了解彼此的状况，并清楚地认识到自己是在同一条轨道上运行的组织中的一分子。

为了成功地举办会议，有一些潜在的非语言因素可以利用，以下是一些指南。

先设定目标，再设定氛围

开会的目的是什么？人们经常会预设一个目标，但不会明确表达出来，更不会为实现这个目标而进行规划。所有事情都应该围绕会议的目的来安排。如果只需要两个人之间达成协议，为什么要把会谈安排在一间摆了十几把椅子的会议室里？也许在一个小一点的、让人感觉更加亲密的空间里，两人挨着坐在直角桌旁，会更有利于开诚布公地讨论。

一切都应该为了你心目中最重要的参会者的方便和舒适而布置。如果没有其他情况，永远要先想着你的客人和他们的需求。

比如，会议的时间非常重要。对你来说合适的时间，对一个要长途通勤或者赶飞机的人来说，可能就很糟糕。你只需提前打一通电话，就会知道怎样才能为对方做出最佳安排，以增强会议的气氛。会议讨论中，各种状况都可能出现，因此，会议布置的各个方面都要有利于创造一种坦诚开放、稳步推进和达成协议的氛围。

还要记得，有关地位、领域和资历的问题也是我们要顾及的社会规范。那么在商务场合，需要提供哪些"皇室待遇"呢？实际上也没有那么多讲究，其中包括：标有来宾姓名的预留车位；为大型会议准备的名牌；确保来宾随时可以取到他们想要的饮料或者至少是瓶装水；到路边迎接来宾；代付停车费；在会场中提供私人空间，方便来宾打电话或是用电脑。提前打个电话了解一下客户的需要花不了多长时间，会前准备通常也不需要花太长时间，然而由此带来的舒服红利是巨大的。这些小事会产生深远的影响。你所希望的就是创造一个环境，使人们愿意花时间跟你待在一起。

布置会场

就像我之前提到的，良好的会场环境有助于激发与会者的快乐情绪、活力和效率。要保证会场环境干净、有序，准备好会议所需的用品、材料或是设备。站在客户的角度审视会场：这个空间能够反映出你很负责，值得信赖吗？我认识的一个经理朋友会在客人到场之前提前半小时仔细检查会场，确保椅子都推进了桌子里，桌面是干净的，上次会议的机密材料和吃剩的茶点都清空了。

不必将会议局限在会议室里。我曾参加过一些卓有成效的会议，这些会议是在咖啡店、室外咖啡馆里召开的，或是在公园里散步时进行的（那种非对抗性的、肩并肩的、步调一致的散步能够促进交流）。当然，会议地点的确定还是取决于会议的目标。至少要保证会场安静，免受打扰，实现会议目标所需的设施齐全。任何能够加快会议进程的因素都会增强会议的效果。

记住，我们人类有一种转向移动的东西的生存本能，所以我们要注意到一些干扰源：别人打电话、查看邮件、进屋或者经过等。很多人开会时把他们的手机放在桌上，并没有意识到手机上不时发出的闪光也会分散人的注意力。更糟糕的是，我们看到，2009年2月24日奥巴马总统在美国国会发表国情咨文演说时，台下的听众中竟然有人在使用手机；这已经不仅仅是分散注意力的事了，简直就是失礼。

同时，我们也要注意窗外的活动。最近我路过一间位于一楼的办公室，里面的会议桌正对着窗户。路过的行人会有意无意地向里面看，我敢肯定，里面开会的人也会被街上来来往往的行人和车辆分散注意力。

很多现代的开放式办公室都将会议室设置在办公区最显眼的中心位置。这看起来很棒，但如果考虑到非语言因素，这样的设计其实起不到什么正面效果：正在进行的活动会分散人们的注意力，缺乏私密性使得一些敏感的话题得不到讨论。

-"麻烦"测试-

如果你心里想着如何让你的客户舒服、方便，会议策划就是再简单不过的事情。我把它称为"麻烦"测试。

有一所大学多次请我去做讲座。可是我每次答应下来，都会是个大麻烦。首先，校园里很难找到停车位，作为访客，我还要付停车费。除此之外，停车的地方离做讲座的大楼实在太远，这使得把讲座用的所有材料（讲义、讲稿和电脑设备）都带过去成了一个巨大的负担。我最后一次去的时候，抱着一大堆材料从车里走出几百码后，突降大雨，淋湿了我所有的材料。就在那一刻，我决定："我再也不来这里了。这简直就是个麻烦。"

我曾听到生意场上的朋友说要与一个新的潜在客户见面，马上就有人说："不值得。我去年去过那里，过去太麻烦了，而且他们接待得也不好。"就是因为麻烦，一次潜在的交易就此夭折。

我在美国富达投资集团的经历与此形成鲜明对比。我在那里做讲座的时候，他们对待宾客的方式令我印象深刻。集团会安排人在路边迎接你，护送你进入大楼并通过安检，帮你拿行李，问你渴不渴，要不要喝东西。你可以在预留的小办公室里打电话、使用电脑。临走时，你会想："我还想再来。"这种细心周到的服务——派专人为来客服务近一个小时——其实不需要花费太多的人力、物力、财力，但它会给客户带来无比珍贵的体验。

会议结束时，每位商务人士都应该问这样一个问题："我刚才见到的人下次还愿意在这个地方再见到我吗？"如果你回顾这次经历，发现这位客户找会场的大楼很麻烦，停车很麻烦，过安检很麻烦，找洗手间很麻烦（得有人引领才能找到），用复印机很麻烦，那我可以向你保证，你没什么希望再见到对方了。

打开你的非语言雷达

跟别人见面时，可不能抱着碰运气的心态——这就是你要确保你的"雷达"打开的原因。一切安排妥当后，你就会信心满满，但是一旦走进会议室，你要记得放松，同时要注意观察，对对方的不适表现（这会展现出他们所关切的问题）或安抚性行为（这些行为会暴露出他们脆弱的地方）保持警觉。

在这些场合，非语言因素非常重要，因此要注意观察客户的微动作。当人们阅读合同或者其他材料时，我经常会留意他们的下眼睑微微紧绷的动作。这是一个阻挡视线的行为，非常可靠地表明对方从中看出了一些问题。

会议越重要，就越要回归非语言智慧的根本。放松眼睛，放松大脑，寻找那些表达舒适或者不适的非语言行为，以及你所知道的意图暗示，因为身体会揭示出我们的感受，反映出我们喜欢什么和不喜欢什么，比如身体是前倾还是后仰，是面朝着对方还是侧着身子，眼睛和腿部是否有阻挡动作，是否有领域展示和其他展示自信的行为，是否挪动脚步想要离开，等等。要观察整个身体，而不仅仅是脸部（除非不坐在会议桌前，观察脸部才有用）。如图42～44所示是会议中以及与别人交谈时经常出现的一些非语言行为示例。

图42　两个人的身体向对方前倾表明舒适以及同步性。这种姿态保持的时间可能很短（就在拍照的瞬间），而在恋爱期则可能保持几个小时

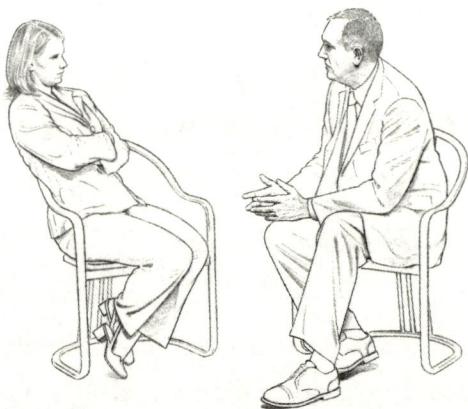

图43　身体后仰表明我们想远离我们讨厌的人或事——甚至当同事发表一些
我们不同意的观点时，我们也会做出这样的反应

图44　鼓起腮帮长呼一口气能够抚慰我们。当我们如释重负的时候
（比如刚刚逃过了一场意外或是一项令人不快的任务），经常会做出这一动作

　　要记住，非语言信息是不断变化的，因此一定要用之有道。既然你已经具备非语言智慧了，那么只要你的客人一到场，你就志在必得了。

-小小微动作，节省数百万-

我记得我曾参加过一场谈判，谈判双方是两家海外的航运公司。会前，我与英国代表团进行了会面，他们说："我们进去听他们说，他们再听我们说，你看着就行了……"

"不，"我回答，"你们雇我来不是坐着看你们谈判的，我们要一段一段地仔细审查合同。"他们不同意，认为这样做就会"没完没了"。我反驳说，如果谈判的目的是完成交易，就必须这样做。"我们要知道他们同意哪些条款，不同意哪些条款，我们要关注出现的每一个问题。"我说。

实际上我们也正是这样做的。在审查合同的时候，我一直从桌子底下给坐在我旁边的英国首席谈判代表递字条：这里有问题……这里也有……还有这里。我敢肯定，对面的法国首席谈判代表一定在想我们是如何准确地找到每一个具有争议的地方的。他没有意识到，每当看到不喜欢的文字表述时，他都会噘起嘴。最后，我们避免了许多成本高昂的条款修改，而英方为了达成协议，原本准备按此条件报价，这样一来，我的客户省下了数百万美元，他们大喜过望。

而我也圆满完成了任务。

战略性地利用座位

如果你认为座位的安排不重要，那么我建议你去问问白宫的礼官，在对外接待的时候，他们会反反复复地检查座位安排的细节。老师们都知道，学生们在教室里坐在哪儿决定了他们上课时是否会投入注意力以及参与讨论。即使是匪徒，也要确定他们的据点选在哪里，更重要的是，确定他们的座次。

其实，座位的安排取决于你的目的。从某些方面来说，安排座位非常简单：当人们坐在我们旁边或者侧面的时候，会议将更有成效。其中的原因目前尚不清楚（尽管有很多假说），但有关就座行为的研究表明，当我们与别人面对面坐的时候，谈话往往收效甚微。而在沙发上或椅子上挨着坐，或者形成一个角度，则收效显著。

经常有人问我，是否应该把客人安排在长方形会议桌的上首位置。这当然是一个选择，但是客人可能更希望你坐在那儿，因为会议是在你的地盘上召开的。有一个办法可以解决这个难题，那就是请你的客人来选择："你喜欢坐在哪里？"他们可能会自己选择座位，也可能会听从你的安排。但如果你已经拟好了会议议程——比如你是和对方谈判的法务代理人——你就会希望给他们安排好座位，因为这是一种微妙的划清界限的方式，并且使你在潜意识里将自己置于主导地位。

如果你想显示出你格外重视某人，就让这个人坐在你的右手边，并且尽可能靠近你。

在别人的办公室里会面时，如果可以，我希望（我敢肯定，你也希望这样）对方邀请我坐在沙发上，而不是坐在他办公桌对面的椅子上。这会让我觉得自己很特别，并且没有那么拘谨。如果你不想和对方好好谈，那你大可请对方坐在你办公桌对面；这样做不仅在你和对方之间设置了障碍，更创造了距离感，毫无温暖和感动可言。这一点再明显不过了，但有多少办公室都是这样布置的？这样做是不明智的，除非你想传达的就是距离感。

高效地利用时间，并提示别人也这样做

我曾为菲尼克斯市的一位特工主管工作，他真的是一位出色的领导。他讨厌浪费时间。他会走进来，说明这次会议需要多长时间——通常都不超过30分钟——然后把手表放在桌上。我担保每个人的眼睛都会先看向那块手表，再对对自己的手表。过去没完没了的会议突然变得简短，并且重点突出。

在某些情况下，你或许也会这么做，但不管怎样，你要尊重客户的时间。策划会议时，提前问好是否有时间限制（对方可能要赶飞机或火车，或者赶另一场会议）。会议期间，随时查看时间或是请别人帮你看着时间，在结束时间到来之前提醒你。你可以说："我看了下时间，还有大约15分钟你们就得走了。我们能安排个时间继续讨论吗？"

要注意，在许多文化中，时间是比较灵活的，所以对方可能会希望你延长会议时间，这样每个人都能发言，或者作为会议的一部分，员工们也能进行一些联谊活动，增进了解。会议结束后，对方可能会希望你一起出去喝一杯，有时候喝酒的时候才是真正谈工作的时候。要清楚客户的需求，并进行相应的准备。

参会者都要履行职责

即使你在一场会议中并非担任领导角色，也无须发言，作为一名聪明且积极主动的员工，你依然扮演着重要的角色。所以，你也要全神贯注。你要以非语言方式展现出你对会议充满兴趣和信心：身体前倾，面向你的老板或者发言人，双手不要做别的事情，并且让双手处于人们的视线范围内。不要随手涂鸦、啃笔头，也不要做其他会暗示你焦虑或厌烦的动作。不要使用甚至不要拿

着掌上电脑或手机（进会议室之前就要关闭它们），不要私底下乱瞟别人，也不要跟旁边的人窃窃私语。记住，身体的动作会让人分心，所以尽量控制这些小动作，特别是有人在发言的时候。

两个人头凑在一起聊天很容易被发现，查阅邮件也一样。很多CEO都曾跟我讲，最让他们受不了的是，当他们在分享经验智慧时，偏偏有员工决定在这时候把他们自认为绝对重要的事情悄悄说给旁边的人听。窃窃私语和查阅邮件的人都以为他们不会被发现，但是站在会议桌前方或讲台上的人，对在座的人的一举一动都看得很清楚。

同时你也要知道，在适当的时候，你可以通过非语言方式对主讲人所传递的信息表示赞同。你可以效仿主讲人的身体语言，以表明你们步调一致、和谐统一。

当局面趋于紧张

紧张的气氛和尖刻的言辞会让会谈无疾而终。如果你感觉到紧张感袭来，不妨花点时间平复一下，因为情感往往会战胜理智。以下是一些应对紧张局面的非语言方式，可以在剑拔弩张的讨论中起到"降温"的作用：

-缓解（你和他人的）紧张感的十种方式-

任何一种商务互动都可能引发紧张感，商务谈判尤其如此。以下是一些可助你缓和紧张局面的非语言方式：

1. 向后靠，让出空间。
2. 不要紧盯着对方的眼睛，目光可以转向其身体的其他部位。

3. 不要抱着双臂或双手叉腰站着。

4. 略微转一个角度，侧身面对谈判对手。通过改变角度，你可以缓解紧张感。

5. 深呼吸，长长地呼气。你身边的人总是会受到感染，效仿你平复心情的举动，无须你将"冷静"二字说出口。

6. 使你目前正在做的事情暂时告一段落："关于这个问题，我还要再考虑一下"；"我们休息一会儿吧"；"我还需要一天时间再对此审核一下"。

7. 站立的时候，双腿交叉，头部倾斜，有助于缓解人们之间的紧张关系。

8. 站起来，稍稍走开一点。距离产生双重力量：可以缓解紧张感，同时使你显得更有威严。

9. 一起散步。人们并排走的时候，很难表现得尖酸刻薄。

10. 一起吃点什么或者喝点什么。分享食物会使人产生信任，促进互利互惠和合作。

电话对话中的非语言行为

很多人认为人们在电话中不可能察觉出对方的非语言行为，这其实是个误解。打电话时的非语言行为也是很明显的，只是人们觉得对方看不到他们本人，所以不会读出他们的非语言信息。

电话对话中的非语言行为是我们的情绪状态的可靠信号，如果你对此有所怀疑，就回想一下新闻节目中定期插播的911电话，注意紧张情绪是如何使呼叫者的语调、音高、语速和音量发生明显改变的。我们当然希望你的商务电话不会像911电话这样紧急，但你还是要仔细聆听上述这些声音的特征。同时也要注意口误和迟疑（"呃""嗯""啊"），以及杂音（清嗓子、紧闭嘴巴发出的"嗯"的声音、吹口哨或是用嘴巴或舌头发出的杂音）。这些都是安抚性行为：用舌头和嘴巴发出杂音是成年人寻求安慰的方式，跟婴儿吮吸是一个道理。

当你听到对方发出迟疑或抚慰信号时，你可以将话题拉回刚才所讨论的问题：

客户：哦，嗯——没问题，下周收货没问题……

你：这个时间收货有什么问题吗？

客户：好吧，其实，是有一点问题。我们这边几乎断货了，所以我们账上有点吃紧。

你：如果我们催一下，可以提早三天交付，会对你们有帮助吗？

客户：如果是这样，那就太好了。感激不尽！

-电话对话经典法则-

· 电话铃响了一到两声后接听电话（这说明你很有效率，也说明客户的需求至高无上）。

· 避免发出迟疑的声音（"嗯""就是""要知道"）或是杂音（舌头发出的声音、吹口哨）。消除这些声音会使你讲话时从容坚定。

·语言上要呼应对方。如果你的客户说"我很生气"，你就不要说"我知道你很心烦"。要用客户的语言来描述他们的处境。

·限制背景噪音。

·调节你的音量。当来电者提高音量时，你要降低音量。

·留意对方发出的深呼吸。这是抚慰信号，对方其实是在说："眼下我正在做激烈的思想斗争。"

·加重语气，传达自信。

·沉默是金。如果对方说的话令人反感，你可以用几次长时间的沉默来应对。这种强有力的非语言信息会使对方注意你，这和会议中你突然从椅子上站起来所起到的效果一样。

·用长时间的停顿来让对方讲话。大多数人害怕谈话时冷场，所以他们会一直说，以打破冷场的局面，就会在不经意间说出一些他们本来不打算说的话。

报告和演讲中的非语言策略

做口头报告（事先经过精心准备）是一个人向众人动态传递思想的方式。成功会议的所有要素也是成功的口头报告的基础，当然还要额外考虑观众的规模和构成。接下来要讲的是使你传递的信息令人经久不忘的非语言策略。

对某些人来说，做口头报告是一件令人紧张的事，而对另一些人来说，则轻松自如。纵然我已经做过上千场报告，我依然会忐忑不安。我觉得这是好事，促使我想要为此做好准备。做口头报告是一个能让你绽放光芒和分享真知灼见的机会，所有人都期望你的口头报告做得精彩，没有人希望你失败。听众会对不可预见的问题有比较高的容忍度，因为他们感同身受，但他们也期望你将最好的一面呈现给他们，所以下面这些非语言方式会对你有所帮助：

1. 提前准备，多次排练。我每次演讲前，都要排练10～15次，以确保我的表达流畅自然，并以最佳方式呈现我要讲的内容。

2. 选一位你喜欢的演讲者去模仿。你无法否认奏效的演讲方式，所以就要模仿别人可取的做法。

3. 提前去会场，你就会遇到一些听众。人们入座后，你可以将注意力集中在他们身上，这样你就会比较放松。

4. 提前准备好音像设备。六年里，我遇到过两次投影仪灯泡坏掉，一次电脑死机的情况，所以一定要提前准备好。

5. 如果你紧张，就毫不犹豫地告诉听众，特别是当他们是你的同事时，然后把紧张抛到脑后。即使是经验丰富的演讲者，面对大批观众，有时也会心慌。

6. 利用好舞台，可以来回走几步。不要躲在讲台后面，没有人会喜欢。

7. 时常做一些手势和动作。强调重点时，可以做一些反重力动作或者降低声调；这两种方式都会吸引注意力。

8. 无论如何都不要照着你的讲稿一字一句地念，也不要讲与屏幕上完全相同的内容。

9. 可视材料尽量用蓝色的背景，经专家证实，蓝色是最佳的背景色。

10. 用你的手来指屏幕比用激光笔更有力度。

11. 试着保持低沉的声音，如果你紧张的话，至少不要把声音提得太高，因为这样会让听众倒胃口。

12. 如果你是一位女性，那么你在穿着上会有更大的选择余地，因此你可以用服装的颜色来吸引听众的目光。尽可能离开讲台，用你的双手来扩大自己的领域，强调你要传递的信息。很多女士都喜欢躲在讲台后面，限制双手的动作，这同时也阻碍了交流。

13. 最后，要让你的听众意犹未尽。在一个问题上没完没了地讲太久永远都不会有太好的效果。

如何与群体互动

你要知道，面对大型观众群体演讲或与之互动，有优点，也有缺点。如果观众友好，将非常有助于你发表一场强有力的演讲。如果观众不友好，那么你讲什么都不合适。这也是总统们通常会去军事基地发表政治演讲的原因：观众们不得不友好，总统就是总司令。交流需要信息传送者（你）和信息接收者（观众）。如果观众心怀敌意，那么他们根本不会听；可以考虑用其他方式（报纸、新闻稿、互联网等）传递信息或是缩减观众的规模。

规模庞大且不友好的观众会变成危险的暴徒，他们的情绪会被感情和简单粗暴的标语点燃，并迅速扩散。群体中的大多数人的情绪会使少数人的异议被边缘化，甚至被完全湮没。东方航空公司的情况便是如此：召开工会会议时，有些员工的诉求就被大多数员工的情绪湮没了。很多退休人员和那些警告可能会全员失业的人的呼声完全被更大的、情绪更激动的群体掩盖住了。如果当时每个人都有时间深思熟虑，并且私下投票的话，结果可能就会不同。我在波多黎各的许多邻居都是东方航空公司的员工，他们告诉我，他们的意见被更强势、情绪更激动的大多数人掩盖。最后，大多数人占了上风：公司倒闭了，所有员工都失业了，退休人员也没了退休金。[1]

演讲场地的选择

如果演讲者明智地选择演讲地点，那么其讲话内容对观众产生的影响将被扩大。在发表他不朽的《我有一个梦想》的演讲时，马丁·路德·金就站在林肯纪念堂前"标志性的阴影"下，正如他所说，我们纪念的这位"伟大的美国人"也象征着所有人追求自由的梦想。在这个例子中，演讲者将视觉和听觉结合在一起来放大他所要传递的信息。他不仅将他的话语牢牢地刻在了现场观众的心里和脑海中，也影响了此后全世界的数百万人。如果这场演讲的地点是选在华盛顿一家酒店的舞厅里，就不会引起这么强烈的共鸣。

当你要传达一个非常重要的信息时，问问你自己，在哪里传达最合适，你打算用什么方式来传达。兜了一圈，又回到你身上。归根结底，一个人传达信息的力度与听众对他的看法密切相关。确保自己建立起一个良好的形象，如果你没有一个良好的形象，那么不管你说什么，都没有人会听，也没有人会尊重你。还记得汽车业三巨头的几位CEO乘坐私人飞机去向国会寻求经济援助的事情吗？没人买他们的账；他们的话都白说了，因为他们的形象已经蒙上了污点。

我在这一章中讨论的很多内容都可以帮你创造一个光环，使听众期盼你的闪亮登场，增强你的存在感，并使听众在你离开后久久不愿离场。当你的非语

---

[1] 东方航空公司曾是美国第四大航空公司，也是服务于拉美地区的最大航空公司，1991年因客运量下降和劳资纠纷而倒闭，后于2014年重启业务。——译者注

言信息和语言信息强强结合，同时传递给观众时，你就威力无穷了。

注意个人形象如今不再只是针对CEO和公众人物而言了。在这个信息化时代，同时也是视觉驱动的时代，在一切场合管理我们的形象——从个人形象到网络形象——越来越必要。如果你不管理你的形象，总有一天它会给你带来麻烦（你可能知道，有人曾在网上搜索过你）。

矛盾的是，使形象管理如此必要的原因——信息无处不在且传播迅速——也正是使形象管理成为可能的因素。互联网为你提供了无限的机会去记录并分享你的工作和有成就感的故事。

求职面试中的非语言技巧

我们最关注自己形象的场合莫过于求职面试场合。然而，一旦非语言智慧成为你的第二天性，求职面试将不再令你伤脑筋。你将自信满满地走进屋子，因为你知道自己做了充分的准备，并且会表现得很好。

雇主们必须考虑他们的客户将如何看待他们的员工。这不是对你个人做出评价的问题，而是关系到你所拥有的技能和展现的形象是否与公司的业务相匹配。如果你所展示的形象与公司的业务不匹配，那么双方最好都及时止步。我们想要避免的是由于疏忽而痛失潜在的最佳匹配。下面这些方法可以确保你展现的非语言行为最大限度地提升你的正面形象：

1. 为成功而积极准备。除了研究公司的财务状况、网站和新闻报道，还需要充分发挥你的观察力：如果可能的话，到公司参观一下，与前台的接待员聊聊天，或者趁上班的时候开车去公司，看看员工们如何穿戴，或者找个隐蔽的地方观察一下员工早晨上班和晚上下班时的情形。员工们是准时准点上下班，还是早早地来，然后加班到深夜？他们来上班的时候是元气满满还是疲惫不堪？他们穿的是套装还是休闲装？如果大家穿得比较休闲，你在面试的时候还是要穿得比他们正式些。

2. 预设一些问题。人力资源部门的人如今训练有素，能在面试者苦苦寻求一个问题的答案时迅速捕捉到他的问题。如果你想让你的语言表达流畅而坚定，就要对你可能会被问到的问题有所准备（比如你如何打发两份工作之间的空当时间，或是你从上一家公司离职的原因）。同时也要准备好一些灵活的回答："目前我无法说得很具体，但我会尽快给您答复。"

3. 看起来像模像样。如果不是有那么多人力资源经理跟我讲过面试者连最基本的礼节都没有，我不会想到以下这些方面是一个面试者必须做到的：洁净的衣服；光亮的鞋子；干净整齐的指甲；淡淡的妆容；不要喷香水。如果你有文身，那么你要清楚，单凭这一点，你就可能被拒之门外（在医疗、食品和银行业更是如此）。如果可能的话，你应该把它们隐藏起来，永远不让人看见。（有关如何管理你给别人留下的印象的讨论，详见第四章和第五章。）

4. 不要忘记全程保持微笑，微笑会把你推销出去。

5. 接受自己的紧张，但是不能误事。面试的时候感到紧张很正常。如果有帮助，你可以提及你的紧张，然后就此过去。如此一来，就算你的言谈举止里透露出紧张，面试官也会予以理解，不会计较。

6. 如果需要选择座位，那就说一句："请问我应该坐在哪里？"这会显示出尊重；别忘了你在人家的地盘上，是应邀分享他们的空间。

7. 如果对方给你东西喝，就欣然接受；喝东西会帮助你平复紧张的情绪。

8. 通过非语言行为表现出专注。端坐在椅子上，身体前倾，双脚放平，永远不会错。目光放松，但要聚焦在面试官身上（只有面试官以及地位较高的人才可以看向别处）。

9. 一旦你与对方建立了和谐的关系，你的身体就可以略微转一下，形成一个角度，这个位置更利于交流。如果你交叉双腿，那么身体可以向前倾。而双腿交叉靠在椅子上则会显得傲慢。你也可以巧妙地模仿面试官。当面试官放松下来，靠在椅背上的时候，正是暗示你也可以稍微放松一下。

10. 手上千万不可以拿着手机，进门之前先关机。

11. 说话时不要犹犹豫豫、吞吞吐吐，要避免口头禅和俚语。

12. 最后，所有的准备都是为了让你有足够的自信。没有什么东西能替代自信。你知道自己做了充足的准备，那就自信满满地走进屋子，然后放松，开始面试。

| | | | | | | | | |

在本章开头，我花了一定的篇幅谈了如何在处于关键时刻的谈判中成功运用非语言交流技能。当别人试图威胁你时，运用非语言交流技能可以收到令人意想不到的效果。它们会赋予你力量，让你坚守立场，证明自己，评判出别人是如何看待你的，从而提高你的被接受度。最后，运用非语言交流技能的最佳和最高境界就是总能找到最恰当的问题解决方案；促进交流有效进行；提升游戏的规格；将你的使命和目标向前推进，同时不损害对方的利益，而是通过共同努力实现双赢。不论是在会议、谈判、小型或大型口头报告还是面试中，心里都要琢磨：什么东西对我们正在做的事情有所促进？当你这么做的时候，也就获得了非语言智慧的隐藏力量。

实战篇2：
如何用非语言行为
应对极端情绪？

我曾为一家大型军事承包商做一场有关职场暴力的演讲，在演讲过程中，我非常震惊地发现，观众席中有一个人将头埋在手里，开始趴在笔记本上痛哭。其实我们刚才已经中场休息过了，但是我宣布我们将再休息一会儿，"因为我确实需要暂停一下"。

主办方人员走到我面前，问我："发生了什么事情？"我说："咱们和那个人谈谈吧。"

原来这家公司正在裁员，这位经理为员工办理离职手续。几个月以来，那些被辞退的人一直用利器刮他的车门，或是给他的轮胎放气，威胁恐吓他，甚至把宠物粪便丢在他的办公椅上。他没有告诉任何人。他害怕被别人认为软弱无能、无法应对压力，也害怕丢了自己的饭碗，所以他一直保持沉默，把这一切都隐藏在心底。

值得称道的是，该公司立即组织了人力资源管理人员、员工援助项目部和安保部的相关代表与他会谈，而我的讲座则继续进行。

眼下的情形是这样的：一位优秀、忠诚的老员工在公司里兢兢业业地工作了几十年，结果却受到精神伤害，十分痛苦。他坐在同事和老板面前，显然痛苦让他难以承受，泪水吧嗒吧嗒地滴在他的本子上。他这样有多久了？我很想知道。他有多少次走在公司的走廊上，或是坐在办公室里，满脸苦痛？这个生动的例子说明我们有时不太愿意去看看别人，去观察他们，去理解他们。我们更倾向于忽略这些情绪的表现。但这个人正在传递关键的信息：我正处于深深的痛苦中。

所幸的是，请我演讲的人很清楚应对这件事该联系谁，并迅速组织了一个支持小组，帮助这名员工解决问题。这种情况本来很可能会进一步恶化，导致他自我治疗甚至自我伤害。而现在我们避免了一场潜在的悲剧，使公司免于承担可能的责任。这真是一个令人难忘的例子，它说明了身体是如何表现出一个人的真实情绪的，即使这个人一言不发。

对非语言表达的意识可以帮助我们更敏锐地感受周围的世界，而不至于拖到别人几近崩溃的时候才发现问题。对非语言表达的敏锐度还能使问题更加明显和真实。因为通常情况下，并不是因为有人想撒谎，才会对他人有所隐瞒，而是因为他们太痛苦，或是事情太难以启齿了。事实上，大脑通过身体以非语言的形式传递真实的情绪。如果我们能感同身受地去解读它，问题就会一目了然。

情绪是职场生活的一部分

尽管我们更倾向于认为理性至上，但是在职场中，情绪一直在发挥作用。你可以去问问任何一个曾经受到办公室冲突困扰的人，从偶然发现个人的癖好，比如老板对于把报告直接放在她的办公桌上而不是先交给她的助手很是恼火，到陷入办公室政治旋涡而失去工作。

一天的工作结束后，你记住的是什么？当然，你肯定记得你今天完成了什么，但是真正使那些事留在你记忆中的力量，其实是你对那些事的感受：胜利时内心的欢呼雀跃，突如其来的怒气，焦虑时总想发火，被尴尬刺痛。

虽然我们倾向于认为我们的个人生活和职场是分开的，但这两种场合的情绪是重叠交叉的。我坐在位于坦帕的办公室里，得知了我的祖母在迈阿密去世的噩耗。当时，我是FBI的一名高级特工，特警队的队长，身上戴着徽章，腰上别着枪，坐在一张堆满了需要我承担的任务的办公桌前，为失去祖母而伤心欲绝。在我父母工作的漫长时间里，从许多方面来说，是祖母抚养我长大的。回想起那一天，我记得我有许多工作需要完成，但我并没有因此试图抑制我的情绪——坦白地说，是我做不到。我认为当这种影响深刻的事情发生时，我们不应该试图压抑自己的感情。这种事情可能发生在我们任何一个人身上。

情绪在职场中作用强大，而且无处不在，但是我们大多数人并没有学会如何掌控情绪。重要的是，你要懂得如何承认情绪的存在，而不是让情绪压垮你或他人。这就是丹尼尔·戈尔曼在有关情商的文章中所讲的。本章将提供给你一些非语言策略，以助你应对上司、下属、同事和客户的情绪问题——当然也包括你自己的。

情绪总是凌驾于逻辑之上

要记住，有关情绪的最基本的原则就是大脑边缘系统的应激反应无处不在。一个足够强大的负面刺激可以压倒逻辑思维：在航空表演中，当一架飞机俯冲下来时，观看的人们会不约而同地闪躲，尽管飞机还在数百英尺的高空。我们知道飞机不会撞到我们，但我们还是会躲避。又或者你有没有注意到，只有当争论结束后，你才会想到你本应该甩出的所有那些机智犀利的话语？之所以出现这些现象，是因为我们情绪化的大脑，也就是我们的大脑边缘系统总是在我们情绪高涨或感觉受到威胁时强行操控神经活动。解决这个问题的唯一方法就是时刻准备应对高度情绪化的情形，就像警察、消防/救援人员以及飞行员随时整装待发那样。

尽管我们面对威胁时的边缘反应在过去几千年中有效地确保人类这个物种生存了下来，但是当我们面对现代的威胁或情绪剧变时，做出边缘反应就未必合适了。粗暴的小摊贩、股市的暴跌、家庭矛盾、糟糕的老板以及看似无穷无尽的其他刺激源，都可能引发现代的情绪风暴。

因此，尽管不动、逃跑或是战斗反应都值得我们尊重，但这并不是我们想在职场中看到的。例如，对领导者来说，面对危机时目瞪口呆（不动机制）是不合适的。逃跑反应（愤然离去）也不应提倡。当然，战斗反应（争吵、扔东西、拳打脚踢）更是不能被容忍。我们都知道做出这些反应的人是非常不专业的，不配得到我们的尊重。我可不乐意接受这种人的领导，你也不会乐意。

-放松，再放松-

虽然放松是我们在边缘意识觉醒期间最不想做的事情，但是为了有效地评估他人——这些人要么生气愤怒，要么忧心忡忡，要么犹豫不决，要么桀骜不驯，要么目中无人，要么被别人以其他方式激发出了个人情绪——我们必须放松。当我们紧张时，我们的观察力就会减弱，所以要成为一名优秀的观察者，我们一定要学会放松肌肉，甚至让我们的脸也变得更具可塑性。当我们放松肌肉时，我们的眼睛就能看得更清楚。但是在压力下，我们的视野就会变得狭窄，那是因为情急之下，生存成为第一要务，我们的大脑边缘系统就会迫切地自行设置我们的注意力和努力的方向。我们的视野——甚至思维过程——被大脑边缘系统操纵：我们会极其清晰地剖析每一个细小的可视环节，以此来评估危险程度或找到逃生路线。因此，人们在经历枪战或可怕的事故后，常常能生动地回忆起很多看到的微小而具体的细节，并且能描述自己是如何感觉到时间越走越慢的。在危机中，视野狭窄能够拯救生命，但是在职场中，可能会导致严重问题。事实上，无论在什么场合，只有处于放松下的警觉状态，我们才能发挥最佳水准。

设身处地地应对真实流露的情绪

如果你正在和那些处于深深的情感痛苦中的人打交道，那么首先你就要处理好这个现实问题，因为此时他们的情绪已经扰乱了他们的思绪。提供一个私密的地方，给予支持，并让他们充分表达自己的情绪。除非他们要求你离开，否则就留下来和他们待一会儿，不过有时候他们会羞于请你留下来。多花些时间来应对这些情绪问题，你可能并不知道那一刻他们正经受多么深切的痛楚。我在波多黎各工作时，一名后勤员工来找我，告诉我她忍受了多年的虐待。最终，她彻底崩溃了。你不可能拍拍她的后背就修复这些创伤，也不可能期望她立马回去正常工作。她的身体，你的身体，会传达心中所有的痛苦，我们必须用我们的眼睛去"聆听"，以便我们能够对症下药。

如果需要，可以向人力资源部门或员工援助处寻求帮助。比如，某位员工突然接到家里的坏消息。我记得有一次，一位同事听说她的孩子出了事故，她进退两难，不知该不该马上离开办公室，而另一位同事干脆自告奋勇开车送她回家。这样的事情需要心情平静的人去做。不要以为遭受冲击或创伤的人能正常地做决定。员工们永远不会忘记他们在这种情况下得到的抚慰。

如前所述，所有情绪——既包括正面情绪，也包括负面情绪——都受大脑边缘系统支配。这些情绪控制着我们的身体表现以及我们对周围世界的反应。如果一个人产生了负面情绪，那么这些情绪通常很容易显现在脸上。不管是什么原因引起的，我们首先要承认这些情绪是真实的，是切切实实能感受到的。不要假装什么都没有发生，也不要对别人对某件事或周围环境的情绪反应视而不见。如果夫妻中的任何一方没有意识到某件事对伴侣的情绪所产生的影响，那么夫妻关系通常就会开始向不良的方向发展。如果你能感受到，那么这种情绪就是真实的。想想之前有人没有照顾到你的情绪（忽视你、试着劝你摆脱不良情绪、告诉你该"长大"了、嘲笑你的恐惧，或者直接走开），你就会明白心平气和地承认情绪有多么重要。

承认情绪证实了情绪的真实存在，同时也开启了与自己和他人的和解过程。孩子出了事故，一家人都守在医院的等候室里，此时他们的非语言行为看起来都一样：情绪完全同步。对悲伤父母的非语言行为做出回应，安慰他们，就是承认了这份悲伤的存在，并给予了疗愈的支持力量。但是为了帮助他人疗愈，我们首先要在精神层面上承认发生的一切。

让非语言行为为你发声

当人们处于紧张不安的状态时，一句轻柔的话语，抑或是一个拥抱或者轻轻一触，就能够开启疗愈的过程。认识我的人都知道，我会毫不犹豫地去拥抱经历丧亲之痛的人，因为他们确实需要一个拥抱。我知道有些男士会说自己真的无法拥抱另一位男士。对这些人，我要说：你正错过一个能真正帮助他人的机会，因为如果触碰只有一个功效，那就是疗愈。关于这个问题，已经有太多的文献进行过阐述，已经不言而喻了。若没有触碰，人类就会像花儿一样慢慢枯萎凋零。疗愈，发展关系，打通有共鸣的交流渠道，善解人意，这一切的核心就是触碰。人类不是机器，不可能只通过点击重启按钮就恢复各项功能。我们需要关怀，需要触碰的力量。如果你希望自己能从好走向优秀，你就要学会运用这种强有力的非语言技能。还要记住，无论是拥抱他人还是简单地握一下手，我们同样也是在抚慰自己以及我们的人性。

有一次，我在飞机上和一位老妇人坐在一起，显然她对坐飞机感到心烦意乱。大家都互不打扰地坐着，我也安静地等待着。发动机发出隆隆的轰鸣声，飞机在跑道上震动，即将离开地面。就在那一刻，我鼓起勇气伸出手，握住了老妇人的手。她紧紧抓住我的手，好像我们已经认识多年了。她一句话也没说，只是盯着窗外，抓着我的手。我猜她没怎么坐过飞机，她想确认我们安全离开地面了。当我们到达高空，一切都平静下来时，她放开我的手，说："谢谢你。我之前只坐过一次飞机。"我友善地答道："也谢谢您，夫人。"她不理解我的话，当然我也没有说出来：我不但向她，也向我自己伸出了手。你知道，我当时刚刚失去了祖母，那是我第一次在没有家人陪伴的情况下独自出行。我也需要别人的触碰。触碰如此重要，它是一种非语言行为，也是一种情感上的交流方式，能起到疗愈的作用。

制造一定的距离

人们情绪好或是悲伤时，通常需要借个肩膀靠一靠，至少需要一个拥抱，但是产生负面情绪时，则需要与他人保持距离。因此，夫妻吵架怒不可遏时，通常会冲对方喊："离我远点！"通常这种需求只是暂时的，但这是一个边缘系统发出的应该被尊重的要求。当我们有负面情绪时，我们的大脑需要一些空间来自我调节，直至回归正常。如果有人妨碍了这段恢复的过程，那么负面情绪就会继续下去。

制造一定的距离，然后像我们前面所讲的那样，微微转一个角度。实验表明，人们哪怕往侧面转动一个很小的角度，血压也会比面对面时低。所以，如果有一个员工来到你的办公室，表现出非语言方面的强烈冲动，比如双手叉腰、声调提高、下巴抬起，那你就要向后退一小步并且稍稍转向一侧，这时你会发现这个员工通常就开始平静下来了。

镜像效应也会发挥一定的作用。如果你的所作所为惹到了别人，他们走进来的时候，情绪写在怒气冲冲的脸上，同时鼻孔张大，挺着胸，那么漠不关心或者无动于衷的非语言行为就会给你带来更多的敌意。至少，你应该坐下来，仔细聆听别人的话，恭敬地表示你理解他们的想法。你不必赞同他们，但你必须表现出你正在努力理解他们，并且不会因为他们的情绪化而将他们拒之门外。此刻，情绪的镜像效应就会彰显："你的行为完全引起了我的注意，我愿意为你分忧；这对我来说也是很严肃的事情。"别人最不想看到的就是你还在瞥那些嗖嗖传进来的邮件，被动地靠在椅背上，或是赶着起身离开去参加下一个会议。

永远不要这么说

不要试图通过劝别人"冷静下来"而跟情绪讲道理，而是要在情绪世界里和他们面对面地交流："咱们谈谈吧，告诉我你的想法。"这是一种给予对方空间的语言策略，可以为人们提供一个更具尊重性的平台来应对情绪。当你说"请冷静下来"时，你其实是在压抑他人的情绪。其实，如下所述，应对情绪爆发问题的更行之有效的方式是非语言的方式。

收一下你声音的油门：讲话慢一些，声调低一些。这样做可以降低你自己情绪激动的程度，而这种镇静效果也会转移给对方。为什么呢？因为我们的身体都会寻求自我平衡或稳定，如果我们从自己身上找不到这种感觉，就会去他人那里寻求，就像孩子摔倒后想要听到父母轻声的安慰。

深呼吸，呼气的时间要比吸气的时间长，这时对方就会下意识地模仿你的动作。我是从波多黎各的罗斯福路海军医院的一个医生那里学到这个技巧的，当时我正在接受医疗训练。这个技巧确实很奏效（包括在急诊室里或是任何人们需要强力呼吸的地方）。别再说"冷静"或"平静下来"这样的话，上述这些非语言行为才能起到镇静作用。

如果有人真的情绪激动，你可以反复尝试以下做法：让他们和你一起深呼吸。让他们看着你深吸一口气，然后呼气，当他们模仿你时，观察一下他们。

不一会儿，他们就会学着你的样子平静下来。别说你做不到，要知道这是完全可以的；临床医生和其他很多人都使用这个办法，特别是在催眠的时候。寻求自我平衡是我们深切的内在需求，因为我们会寻找那些有自控力的人，然后模仿他们。

但是，有一点要注意：药物引起的情绪爆发另当别论。在这种情况下，只有医疗干预或时间能发挥作用。吸毒的人（比如可卡因、冰毒）很难镇定下来，如果没有专业帮助，你几乎无能为力。

让他们发泄出来

我在FBI做审问员时，学到了一个有悖常理的策略，那就是让愤怒的人发泄情绪。这样做往往大大降低了局面的不稳定性。这种策略比分散对方的注意力更有效，尤其是在遇到只有等这个人平静下来才能解决问题的情况时。有时我会因为这么做而被其他特工批评，因为他们觉得我对受审者失去了控制。但是异议并没有让我放弃我的做法。

事实上，我不仅让他们发泄出来，还不断鼓励他们。我会让他们复述他们的感受。然后，我会再一次让他们发泄心里郁结的任何愤怒，给他们提供一个更广的释放情绪的空间，我知道这是他们没有预料到的。让我来告诉你我这么做的原因。你可能对热力学第二定律很熟悉：所有事物都会趋向于熵①增加。也就是说，所有事物都会趋向于耗尽能量，然后分崩离析。我只是把熵增定律应用到情绪上，让这些情绪自行宣泄分解。不一会儿，他们就会精疲力竭，一句话也说不出来了。这时候，我就可以开始审问了。

---

① 熵是热力学中描述物质状态的参数之一，是指一个体系的混乱程度。——译者注

　　此时，另一条法则开始发挥作用，那就是互惠法则。在被给予了足够的空间来发泄情绪之后，他们对我提的简单要求就顺从多了。当我们从别人那里得到某样东西或是被给予机会时，我们就感到有义务要回报对方。这就是有着400万～600万年历史的灵长类动物的行为——如果我给你梳毛，你就会给我梳毛；如果我借给你食物，你就会借给我食物。同样，如果你听我说，我就会听你说。既然我刚才已经充分倾听了受审者的想法，让他发泄了情绪，现在他就欠我了，这让我在审问中处于优势地位。

　　这些策略能够帮你恢复秩序，还可以帮你稳住那些产生了边缘情绪的人，而通常跟这些人打交道时，你是没什么优势的。一旦你让他们发泄，陈述完他们的观点，轮到你问话时，如果他们还抵触，你就可以说："等一下，我刚才听了你的话，我认为你现在应该公平点，也听我说说。"

给对方宣泄情绪的机会

　　前几天，一个朋友打来电话说他得知他的一个下属惹恼了一位重要的客户。他跟我说："这件事要是搞砸了，我们可担不起。我应该派我的下属去道歉吗？"我建议他给客户打个电话，让客户发泄一下。作为公司的负责人，他的地位比他的雇员更高，所以当客户投诉时，他亲自致电，分量当然重得多。然后，作为后续行动，这位雇员应该给客户发一封道歉信。

应对情绪，但不能放纵

我经历过，你也经历过，你认识的其他人可能都经历过这样的事情：一个工作上的问题引起强烈的情绪反应，或是压力太大，导致在工作场所发泄情绪。我们都希望这样的事情越少越好，但是如果这种情绪宣泄变成了某个员工的惯常行为，怎么办？如果这种鲜有发生的事情变成了每周发生一次——甚至更糟，怎么办？

如果你是经理，那你绝对不能让发泄情绪成为员工的习惯，你必须立即解决问题。你可以用上面提到的一些技巧来应对这种情绪爆发的问题。但正如你不允许一些违反职业道德的习惯（如迟到、应付了事或违反着装规定）出现一样，你也不应该容忍一而再、再而三的情绪化——突然哭泣、发火或者做出"戏剧化"的举动。

有些人总是用情绪来逃避责任、批评或承担某些行为的后果。我已数不清有多少我审问过的罪犯，为了博取同情，他们会故意表现出挫败的样子。但即使是无意的，这种职场中惯常的情绪宣泄也不应该有观众；这样做是助长了不正之风。

人们会利用情绪宣泄来控制和操纵别人，这在工作场合是不能被容忍的。患有边缘型人格障碍①和（或）表演型人格障碍②的人，会频繁地利用情绪和情绪的爆发去达到个人目的，操控别人。你一定要当心那些经常在工作场合利用

---

① 边缘型人格障碍是一种复杂又严重的精神障碍，主要表现为情绪、人际关系、自我形象、行为的不稳定，并且伴随多种冲动行为。——译者注

② 表演型人格障碍又称为寻求注意型人格障碍或癔症型人格障碍，主要表现为人格的过分感情化，人格不成熟，以夸张的言行吸引注意力。——译者注

情绪来控制环境和他人的人。

公司里总是不乏一些痛苦失意的人：过分情绪化的人往往会分散他人的注意力，使他人把关注点都集中在他们身上，因为遇到这样的人，同事们就会觉得自己必须表现出同情和亲近。如此一来，工作就会被扰乱，其他人甚至想替这位身处困境的同事出头解决问题。毫无疑问，这样做会助长这种行为。

我告诉经理们，如果他们手下的某个员工习惯于遇到任何一件小事就哭哭啼啼，那就让她独处，并且让她保有尊严，不过要加一个时间限制。最重要的是，拒绝成为她的听众。你可以拿出一盒纸巾，告诉她："我看得出来你很难过。我先回避一会儿，这样你可以自己调整一下，我五分钟后回来。"不要当她的听众，尤其是当这种行为重复出现的时候。

就如同部队里的人在面对士兵夸大痛苦或情绪时所说："把你的戏都留着演给你妈妈吧。"情绪宣泄表演根本不属于工作场合。如果某人的情绪不能很快缓解，那么请为这个人寻求专业帮助。领导者的工作是领导和指挥，而不是提供治疗。你并不是治疗专家。这种问题应该交给人力资源部门去处理。

如何面对愤怒的客户

我们常说客户服务至关重要，但这个口号如果只是简单地被定义为听取客户的意见，那么对它的理解还是太片面了。事实上，客户服务也包括评估和处理情绪问题：你的客户是对你很生气还是很满意？的确，没有中间地带。还要切记，情绪总能战胜逻辑，所以如果客户的反应令人"费解"，也不必感到吃惊。非语言行为——表现出关切和尊重，并积极地认真倾听——在客户服务中是非常宝贵的。

面对愤怒的客户，我在上文中提到的应对职场情绪的准则依然奏效，但需要额外考虑一些其他的事。

由谁来听投诉信息

决定由谁来倾听客户的愤怒发泄是一个重要的化解愤怒的非语言技巧。让我们回到我朋友的例子上，他亲自出马，让他的重要客户向他发泄愤怒。一旦客户发泄完了，我的朋友就告诉客户："如果还有问题，请您一定告诉我。现在，我还要做一件事，那就是把您的意思传达给我的员工，我想让他告诉您他现在的感受。"随后，让员工给客户打电话道歉，之后再发一封道歉信。这样，一切问题就解决了。

后来我的朋友告诉我："这和我所学的完全不同。我学的是让员工自己去听客户发泄，然后给客户道歉。"这当然也可以。但如果我们能向经理说出我们的不满，而不是跟普通员工说，我们不是会感觉更好吗？我们会觉得自己的话很有分量，因为我们正在跟有权解决问题的人讲述事情。客户知道，如果自己的意见没有传达给对的人，那么这些信息很可能会被忽略。让愤怒的客户跟上级经理反映情况是恢复良好关系的绝佳方式。让客户把问题反映给更有权威的人是给予他们充分的尊重。

确定回复投诉的级别

一旦你决定了由谁来接收客户的信息，你就应该确定回复信息的级别。是单一的回复形式（比如打个电话），还是多种回复形式（可能是先打一个电话，之后再去拜访），又或者是复合回复形式（打电话、登门拜访以及发邮件）？你选择的回复级别应该与客户的恼怒程度和客户本身的级别相匹配。你的非语言行为应该根据你对情形的了解和评估而随时改变。

防止情绪短路的技巧

我们一直在谈论如何用非语言行为应对他人的情绪，但我们自己的情绪呢？我一直对勇者非常着迷，他们在面对致命的危险时，能够展现出真正的英雄本色，他们克服自身边缘系统的应激反应的行事方式让我们自愧弗如。他们是如何克服数千年来为确保生存而发展起来的这些选择性行为的？这是大脑中负责认知思维的部分被调动起来的结果。你可以学着克服你的边缘系统的应激反应，下面的技巧会派上用场。

采取有悖常理的做法

士兵或者经常执行任务的FBI特工在应对伏击时都学过一招，不是下蹲防范或撤退（不动或逃跑），而是迎头而上。逃跑或躲起来只会带来死亡，但如果你迎头而上，即使敌人处于优势，你的行为也会扰乱敌人（他们没想到你会这么做），让敌人无法瞄准（有人正面进攻你时，你是很难瞄准目标的），并且可能会引起敌人的边缘系统反应（惊呆或是害怕地逃跑了）。尽管这听起来有悖常理，但是它确实奏效。

刚开始，受训者对这个战术都比较发怵，但是通过不断进行快速反应演练，他们就能克服正常的边缘系统反应，并学会用积极的行为应对负面刺激了。对如今忙碌的职场人士来说，这又意味着什么呢？请继续往下读。

接受边缘系统挑战随时会出现的事实

首先，你要认识到任何一天都可能会发生一些事，它们会挑战你，激起你边缘系统的应激反应，比如愤怒、焦虑、悲伤、不屑、厌恶或鄙视等。当你哑口无言、当场尴尬、气得一时语塞或者愣在座位上时，不必感到惊讶。其次，你还要知道，虽然我们的一些边缘反应是心理上的，但有些也是生理上的，是可以管控的。到目前为止，你已经在游戏中领先于他人了，因为你了解了随时会冲出来的边缘系统应激反应，以及如何进行一定的认知管理。

做好情绪救灾规划

假设你为一个仗势欺人者工作，这使你日复一日地感到愤怒、悲伤、筋疲力尽。与其试图躲避欺凌或是祈祷别再受到欺负，不如采取非常规的做法：对此做好预期和规划。这对你而言就是一种快速反应演练。制定一系列对策来对付恃强凌弱的老板，以及那些在情绪上强烈打击你的人或事。这将是你的模板。如果需要，你可以在家里练习。你可以和朋友练习或对照镜子练习，但是要演练你的反应。

你也可以选择泰然处之、置之不理，或者承认它的存在，然后转身走开。不管你认为什么对你有用，你都应该试试。缓解情绪的非语言行为可以让你自己保持冷静，同时也能为他人开辟控制情绪的道路。矛盾或情绪不断升级永远不会有好作用，会导致关系破裂，甚至暴力冲突。一个人在面对逆境、中伤和羞辱时，没有什么能比保持克制和冷静更有威力。

用你学到的关于非语言行为和大脑边缘系统的知识来应对随时会发生的各

种情况。我们可以把自己训练得更坚强、更果断。相信我，我必须这样做，就像每一个面对险境的特工所做的那样。警服和警徽不能帮你克服困难，只有通过有意而为的思考和训练，你才能学会战胜逆境，岿然不动。

说起情绪，它可与你有多聪明或者有多高的学历都没有关系。它与我们大脑中应对情绪化、不合逻辑的行为的那部分功能，以及我们都希望掌握的缓解情绪的技能有关。如果我们火冒三丈或是进一步激怒别人，我们就会继续犯错。如果我们不帮助疗愈那些受伤的人，我们就没有履行自己的社会责任，对我们自己和他人就都造成了伤害。我们要运用强大的非语言行为促进交流沟通，尤其是牵扯到情绪的时候。

幽默和风趣都是非语言行为

在工作中，给幽默和风趣留点空间，以此来对抗消极的压力源。我看到很多人拥有很多东西——汽车、游艇、电子设备等等——但他们没什么幽默感，甚至无趣。幽默和风趣与其说是玩笑或恶作剧，倒不如说是人们之间相互交易、相互分享的东西，以及事情搞砸后人们的反应。我之所以提到这一点，是因为我发现在工作和生活中，有趣并且能享受幽默的人越来越少了。

在FBI，我们会把幽默贯穿到案件调查中，唯有这样才有助于我们侦破案件。幽默是我们释放压力的工具。每天找些有趣的事情做，即使只是吃早餐的时候聊聊天，或者只是做一些蠢事，也有助于缓和紧张气氛，让自己在这一天中休息片刻。

我曾为一件案子工作了十年。对有些人来说，这真是一件苦差事，但我试着从我所做的有关这件案子的每件事里发现幽默，从案件的主犯说过和做过的蠢事，到FBI的主管们说过和做过的蠢事。那段时间，马克·雷泽和我一起工作，他是世界上极为出色的情报分析师之一。事实上，我的很多反情报秘密行动的成功都归功于他提供的分析支持。马克现在仍在为FBI工作，他敏锐又努力，从不放过任何细节，同时他还是一位优秀的父亲和朋友。但是，当我们一起工作的时候，我们就约定我们一定要在我们所做的一切事情中找乐子，发现幽默。我们让工作变得有趣又好笑，这是唯一的方法。直到今天，当我们打电话给对方的时候，仍会大笑不止。

那几个月，我和马克处理那件案子，每天工作12～16个小时。我们的调查工作不仅受到总部的关注，还受到五角大楼和国家安全局的关注。如果没有幽默感，我们永远也不可能完成我们的工作。事实上，我们看到很多人失败，就是因为他们的工作体系中没有幽默和风趣。他们处理案子时，看起来苦不堪言，一切对他们来说都是负担。他们已经忘记了在工作中寻找快乐、情趣并且展现幽默感，而是否这么做完全取决于他们自己。他们往往会因为缺乏这项技能而失败或者坚持不到最后。工作成了负累，毫无快乐可言。

一个朋友曾告诉我幽默是如何帮助她和同事度过公司被收购的日子的。"我们公司被收购了，公司进行了裁员，留下来的人都要搬到新公司的办公室去。搬家的日子到了——到处都是垃圾桶，资料或者被扔掉，或者被打包起来。大概到了中午，技术人员来了，拔掉电源，把我们的电脑搬走了，因此我们真的没什么可做的了。我记得我们所有人都订了比萨，聚集在一间空办公室里。在那里，我们闲聊，吃东西，回忆过去这几年干的蠢事，歇斯底里地大笑——讲述起令人讨厌的经理、莫名其妙的客户、古怪的同事的故事，以及以前的会议中那些惹人发笑却忍着不敢笑的时刻；我们模仿起那些好笑的人时，笑得更厉害了。当然，我也记得那天我们心情沮丧，充满压力，终结了一段工作，对未来感到前途未卜。但我也没想到我在工作中能像那天那样笑得如此尽兴。"

幽默和风趣是帮助我们在情感方面生存下来的强大工具。我总是告诉人们，要从你所做的事情中发现幽默，否则的话，你就会很痛苦。无论是从别人的陪伴中发现幽默，还是从每天发生的蠢事中发现幽默，你都一定要找到它。否则，尽管最终你可能很成功，但你会少了很多乐趣。

||||||||||

研究人员保罗·埃克曼博士和他的同事发现，当人们表现出消极的面部表情（比如悲伤）时，他们的大脑会内化这种表达，因而他们的心境就会随之改变。因此，我们的情绪处于不断的波动中，跟我们的一颦一笑密切相关，也与人们的情绪周期和生活中的各种情境有关。我们从不应该否认自己的情绪，作为一种自然而然的反应，它内嵌在我们的人性中。

然而，被情绪支配——不管是我们自己的情绪还是别人的——就好比让大脑边缘系统牢牢控制了驾驶员的位子。我们应该在人性的两极之间寻求力量的统一：感受的能力和思辨的能力。非语言行为能让我们周旋于两者之间，表达并评估情绪，同时缓和边缘系统的反应，否则这些反应可能会压垮我们。自建一个"反应库"，以应对各种触发边缘反应的突发事件，这样我们才能积极地应对逆境。作为FBI前特警指挥官和后来的商人，我可以证明这些非语言工具能够让我和许多其他的成功人士勇敢地面对强大的情绪，甚至恐怖事件。

这就是消防队员每天都能完成救援任务的原因，以及2009年1月萨伦伯格机长能将损坏严重的飞机安全地降落在哈得孙河上的原因：他们不断地训练和演练，在面对使人的情绪剧烈波动的事件时，能够理性地以非语言方式控制自己，如此他人（市民、乘客）就会从他们身上找到安全感。当我们不顾恐惧勇敢行动时，我们或许也能取得英雄那样的成就。

第 九 章

实战篇3：
如何用非语言行为
识别欺骗与谎言？

问讯非常平静地开始了。接受问讯者是一位女士，她直截了当地回答了特工的头几个问题。然而，随着问讯的推进，她开始表现出某种焦躁不安的情绪，但这会儿她不该出现这种状况的，因为今天的主题——她是否参与了政府欺诈——还没有被问到。建立融洽关系的头40分钟一过，她开始越来越紧张、不安，甚至有些冷漠——所有这些"警觉性"行为都表明她知道犯罪事实。对特工来说，观察到这些行为就好比鲨鱼闻到了血腥味。终于，特工开始与她对峙了："你看起来有点想一吐为快，那就这么做吧。让这件事赶紧结束，我会第一个说你很配合我的调查。""噢，感谢上帝。"这个女人松了一口气，说道，"我太紧张了，我不知道该怎么说，但我只在停车计时器上设定了4个15分钟，剩下的时间不多了。拜托，我可不想被贴罚单！"

　　说到这里，欢迎你来到我的世界！你知道，我是一名充满智慧、洞察秋毫的FBI特工。我正在准确地解读她的非语言行为，而且别人也告诉我她可能参与了政府欺诈，所以我把这些信息综合在一起，很自然地认为她正在掩盖犯罪事实。但是她并没有，因为当我们给她的停车计时器充了更多的时间（我的停车时间），重新回到问讯室后，她就平静下来了。原来，有人盗取了她的身份证件，进行了欺诈性的支票套现。

　　这件事对我和所有人来说是一个有点羞愧的教训：与欺骗有关的行为可能跟紧张时表现出的行为是一样的，导致紧张的原因可能是任何事，包括讨厌审问员、周围的环境、问讯的性质、问讯带来的侵扰以及对正常生活的干扰，等等。

　　我总是会被问到的头号问题——它似乎与非语言交流或身体语言有着千丝万缕的联系——就是：我们怎样才能甄别欺骗呢？

在调查中巧用非语言智慧

　　当然，到目前为止，我所说的这些都不会妨碍你正确地审查一个即将与你合作的人。这种寻找舒适和不舒适迹象的方法论的美妙之处在于它鼓励人们多问问题。比如，你信任某人，要给他投资，你就有很多问题要问。如果这个人很诚实，他会很乐意详详细细地回答你的问题。当某人听你讲话或回答你的问题时表现出了不适，那你就得关注一下了。每当有人给你一个闪烁其词的答复时，你的非语言雷达都应该启动并发出预警。比如，我想看看证明文件，这个人嘀咕道："我会拿给你。"这种行为就会给我发出警报，这里存在可能出现问题的高度隐患。

说谎者知道该编什么谎话，但他们通常意识不到说谎时伴随的情绪变化。他们忘记了强调性行为和反重力行为，以及我们已经讨论过的所有其他能表现出热情和自信的非语言行为。如果你正在和一个想赚你钱的人打交道，并且只在你们讨论可以在虚线上签字时，这个人才表现出兴奋的非语言行为，那我就很担心了。我希望这个人能兴奋地回答我所有的问题，并且毫不犹豫，毫无保留，毫不含糊。

说谎者通常被三件事困扰：（1）听到他们不喜欢的问题；（2）应对这个问题，想出一个合适的回答；（3）回答问题（实际发声讲话的行为）。如果你在这三个方面发现了某人的任何不适，而这个人又想从你这里得到些什么，那么我建议你先打住，跟他说："给我一天的时间考虑一下。"如果他说你现在就得做决定，那么你一定要离开那里，因为这恰恰是"捕食者"的策略，骗你上钩。

表现出不适是我们感知和传达负面情绪的普遍方法。几千年来，我们都是这样做的；它是人类固有的行为，并且十分可靠。表现出不适让我们获知有些地方出了问题。如果你问的问题引起了对方的这种表现，那么你应该庆幸你的非语言智慧已经在你的生活中充分发挥了效用，并证实了它的价值。无论什么情况，当你有疑问的时候，或者当你内心的声音告诉你哪里有点不对劲的时候，抑或是某件事好得不真实的时候，就赶快离开吧。

谁在说谎？甄别欺骗

你可能会认为，作为一名前FBI特工，并且40年来都在学习非语言交流，我在运用非语言交流技能甄别欺骗方面一定所向披靡。如果甄别欺骗很容易，那我可能会这么厉害。如果这样的评估准确率至少可以达到95%，那我可能会这么厉害。然而，甄别欺骗既不容易，准确率也没那么高。正如上述例子清楚表明的那样，即使是那些受过专门训练的人，也可能做出错误的评估。研究表明，平均而言，我们甄别欺骗的准确率还不如抛硬币的准确率高。和我共事过的最神机妙算的FBI特工也只能将胜率提高到60%。可以肯定地说，对一般人来说，甚至对从事执法行业的人来说，准确测谎的成功率也只有50%。这让我想到了一个问题：你怎么会愿意接受一个人对你的审查、考量或是评判，而这个人测评的准确率只有50%，即使她非常优秀，也可能有40%的概率是完全错误的？当然，你是不会愿意的，这就是围绕欺骗我们集中探讨的问题。

当我在FBI学院教授如何审问时，我教特工们注意所有的行为，但要重点留意舒适/不舒适范式，因为对我来说，这里面隐藏着很多信息。

在一场谈话或审问中，若只将注意力放在欺骗的问题上，你很难准确地知道一个人隐瞒了什么，改口说了什么，大肆渲染了什么，或是完全编造了什么，除非你有关于真相的无可辩驳的证据。正如我在《FBI教你读心术》一书中所讲的那样，研究非常清楚地表明：我们人类每天都在以各种方式撒谎。我们毫不犹豫地说着彻头彻尾的谎话，比如"跟他们说我们不在家"或者"我是在办公室给的"。我们在太多事情上撒了太多的谎，以至于一位作家写道："说谎是社会生存的工具。"对习惯性地说谎的罪犯而言，说谎实际上已经成为一种生活方式了。

我们所有人都会时不时地撒谎，但并非都应该受到谴责。有时我们也会说一些善意的谎言。举个例子，有一天晚上，丈夫悄悄溜出房子，很晚才回家。他妻子最近几个月因为丈夫对她的疏忽而很伤心，于是盘问他去哪儿了。他结结巴巴地说车坏了。"这是书本里最老套的借口了！"她呵斥道。三周后，在妻子生日那天，丈夫送给妻子他偷偷溜出房子去买的礼物。是的，在回家的路上，他的车子确实坏了。她很惊喜，很高兴，同时也为自己当时发那么大火而感到羞愧不已。但是，出于不信任而指责对方撒谎是对伴侣最严重的侮辱；这个阴影一旦产生，就很难被抹去。

有时候，我们说谎是为了掩盖那些令人痛苦的或者使我们难堪的事实。这种情况在医生和病人之间经常发生，比如有时候病人不愿意透露是自己行为不检点或吸烟的习惯导致健康受损。羞耻感是社会凝聚力的一种强大工具，它会施加巨大的压力，以至于我们会以伤害自己为代价来避免糗事败露，因为我们害怕别人会因为这些事而排斥我们。我认识一位自杀的高级海军军官，他自杀的原因是被人揭发佩戴了一条战斗绶带，这条绶带并不是他自己赢得的，他对此羞愧难当。

有时候，我们撒谎是为了掩盖错误。但是我们以前犯过的错误对我们现在的情况来说并不重要，因此我们真的不应该还对这些错误耿耿于怀。超过诉讼时效后，有些犯罪行为都不予追究了。真得感谢上帝，否则你想想你会因为高中或大学时的恶行和恶作剧被起诉多少次啊！现在这些事对你来说无关紧要了，但你仍然会感到寝食难安，那是因为你有良心。1965年，我从一家商店里偷了一个绿色的两英寸高的士兵塑料玩具。直到今天，我依然觉得良心不安。

因为我们会上当受骗——除非你有先见之明或者后知后觉，否则你永远也不会知道——所以我们必须更有效地运用非语言智慧。除非你在法医鉴定部门工作，需要绝对确凿的理据，否则在许多情况下，真的没必要不遗余力地去寻找真相，因为找到它的机会实在太渺茫了。

我建议商务人士多利用舒适/不舒适范式来发现有用的信息，而不是试图把它作为一种"法医鉴定"工具。毕竟，掌握信息是企业成功的最重要的途径。在商业领域，仔细观察和倾听，对引起不适的情形明察秋毫，通常比试图确定某人是否在欺骗你更有用。

把舒适/不舒适范式引入工作中

假设我是你的上司，一个周五下午，我走进你的办公室，说："刚得到消息，营销口头报告提前到周一下午做。我知道时间很仓促，但我真的需要你周末加班落实好材料。"你说："嗯，好的，我能完成。"我说："太棒了！谢谢你。"我笑了笑，你也笑了笑，我便离开了，自信地觉得这个项目万无一失了。

如果我只注意了我接收到的口头上的信息，我就会觉得一切都没问题。但如果我运用非语言智慧，就会发现更丰富的信息。我会发现你听到我的话时眼神闪烁，随即把头转过去，咬着嘴唇，眉头微蹙，你回复我的时候，眉头还是皱着的。我会注意到你讲话犹豫，声调平平。我会发现你微笑时嘴巴紧闭，这是一个礼貌的"社交性"微笑，而不是一个"真正"的微笑，真正微笑时你会露出牙齿，眼睛里都有笑意。

所有这些非语言行为都会告诉我，你对我的话感到不适。让我们运用非语言智慧重新进行一次对话，注意我们是如何运用它使这场对话从内容和质量上大变样的：

我：刚得到消息，营销口头报告提前到周一下午做。我知道时间很仓促，但我真的需要你周末加班落实好材料。

你（眼神闪烁，目光游离，眉头微蹙）：嗯，好的，我能完成。

我：太棒了！真是太感谢了，但是你的休息也很重要，要不我们商量一下你大概什么时候能开始工作吧。

你（惊讶地瞪大眼睛）：我可以在周六上午十点到下午三点工作。要是做不完，周一我就早点来把它做完。

我（微笑着）：听起来不错，再次感谢你。

你（也笑了）：没事。咱们能搞定它。

这个对话就使得员工在交流中的方方面面都浮出水面并得到了回应，并且让他们感受到你对他们很关心，很敏感。这才是完整的交流：通过语言和非语言行为共同表达思想和感受。这才是有效的、有意义的交流——商业的精髓。

因此，对具备非语言智慧的商务人士来说，关键问题不是"这个人是在撒谎吗？"，而是"这个人百分之百舒服吗？"。如果不是，那么是什么引起了不适？如你所见，考虑这个问题比假设任何不适都意味着欺骗要富有成效得多。

观察与倾听

记住，在涉及非语言行为时，你要在一些基本行为中观察突发的改变。只有通过冷静的观察和调适，你才会在与同事和客户的实时互动中看到、听到显现出来的潜台词。这里有一份清单，列出了主要的表现不适的非语言行为：

·阻挡视线，包括下眼睑绷紧、快速眨眼、摸眼睛或眉毛。通常在听到令人不适的信息时，人们会做出这些动作，而且持续的时间很短暂；因此它们也成为边缘系统反应的可靠信号。

·收下巴（缺乏自信），皱眉头（忧心忡忡、压力大、有问题）。

·咬嘴唇（焦虑），抿着嘴（产生不良情绪）或噘嘴（不同意）；舔嘴唇或动舌头（自我安抚）；吹气（释放压力）。

·调整衣饰：通风透气（调整衣领或领带），摸脖子或摆弄手表、项链、耳环（自我安抚）；合上外套（设置屏障）。

·摩擦或者轻抱的行为（自我舒缓），比如抚摸腿部、双手抱臂、摩擦手掌或手指交错摩擦。

·缩起手或握住椅子扶手（不动反应）；举起手，掌心向上，好像在请求别人相信他。

·半信半疑地耸肩，上半身轻微转动，缩着肩膀。

·双腿交叉，把你挡住；脚突然移动（抖动或踢开表示不欢迎这个讨论）或者突然停止运动（不动）。

·支支吾吾或是声调平平。

·清嗓子。

·回答问题时紧张到声音颤抖或声音微弱。

说谎者往往会表现出这些非语言行为吗？没错，但无辜的人对某件事感到有压力和紧张时，也会有这些表现。如果你因为超速或没系安全带而被逮到了，你可能同样会做出许多这样的动作。这就是我想让你利用这份清单来寻找表现不适的非语言行为，并且通过问问题来消除不适感的原因。在工作中，就像你在家庭聚会上所做的那样，表现出你的尊重和关切；你要相信，如果存在什么问题，它首先会以非语言方式显现出来。

精准定位非语言"热点"

那么，你应该如何鼓励这种更高质量的交流呢？通过问一些开放性的问题来开启这个过程，并且多问一些积极的细节。开会时，我们坐在一起听每个人报告项目的进展情况。在这样的会议上，你可能会说："好吧，下面是墨菲项目。德里克，告诉我你有什么进展。项目推进得怎么样了？"然后，你就让那个人做报告，你来观察和倾听。你看到和听到了兴奋和自信吗？或者你看到了上面提到过的不动、安抚、阻挡或者犹豫的行为了吗？如果你看到的是后者，那么不管他们说了什么，你都应该知道事情并未按照预期的那样往前推进。

如果你在任何讨论中发现了不适的迹象，也就是某种"热点"，除非你认为它是适当的，否则不要马上去解决它。为什么？首先，你需要核实你所看到的是准确的。所以，当你第一次发现不适迹象的时候，你应该回到讨论的话题上来。也许你正和一个供应商在一起，你说："噢，我很高兴你能给出这样一个交货日期。"你看到这个供应商悄悄瞟了你一眼。你可以再多讲一点，然后就要折返回去验证你所观察到的问题："对了，你们公司觉得这个交货日期有什么问题吗？"然后看看此人是否会再次表现出有压力的行为。我们通常会对导致负面情绪的事物保持一致的反应，所以如果出现不适迹象（在此例中，是针对交货日期），就表明它会反复出现。或许这个时候，对方会在你的引导下说出他的担忧。如果他以一种强调的、反重力的方式回答"没有问题"，那你就可以放心了。他刚才的小动作只是表明他想了一下交货那段时间他是否会在，不一定是日期有问题。

你可以在一对一的谈话或者一群人开会的全程中实现这样一个定位"热点"的过程。随着时间的推移，你就会像了解你的家人一样了解你的同事的非语言行为，他们就像一本书一样供你尽情解读。

实际效果是：你在展现你的同理心，你希望所有人皆大欢喜。对别人感兴趣和好奇完全不同于责怪非难。如果方式得当，就会表明细节对你至关重要，你对一切了如指掌。你会创造善意，促进双方的坦诚开放，从而更好地解决问题。毕竟，如果对方承诺了一个不可能实现的交货日期，对谁都不会有什么好处。

你也可以利用这个技巧把一些内部问题挑明。你可能会说："贾尼丝，杰斐逊项目进展如何？""哦，正在推进。"贾尼丝叹了口气，摸了摸额头，然后灿烂地笑着说，"一切正常！""那太好了！"你说，"那你们有没有遇到什么问题？"（问题又绕回来了，你注意到她一开始有些迟疑，讲话不够坚定，这时你就引导她敞开心扉。）"其实，"她承认道，"我们现在有点抓狂，因为财务部的各项财务预测还没有出来。我只从比尔那里如期拿到过一次财务报表！"她一边说着，一边深深叹了口气。"很感谢你提醒我财务部的问题。"你说，"如果你愿意，我可以给比尔打电话说说这件事。""不用了，不用了，"她回答说，"我还应付得来。现在比尔欠我人情了。时间是紧了点，但我们不会拖期的！"（语气加强了。）你说："太棒了！我们周五再确认一下怎么样？我想确定财务部那时候能搞定报表。"她说："就这么办吧，谢谢！"

这里发生了什么事？你发现一个敬业的员工正遇到一些困难，如果你不问，她可能不会说出来。你发现了财务部存在的一个问题。于是，你多加了一个检查环节，以确保项目能够按时完成。你让你的员工发泄了一下，为她提供了一个开口请求帮助的机会，并且表达了你充分信任她的能力。如果你的非语言雷达被关掉了，你还能发现这些问题吗？后续的积极效果还存在吗？

问具体问题，以获得更集中的非语言回复

上述这些例子说明，一旦你让这个人开始讲话，你就可以问更具体的问题来获得更具体的反馈，无论是语言的还是非语言的。假设你和我达成了协议，我们都期待精诚合作。但任何商业交易中都会存在问题。我所说的方法有助于让问题浮出水面，这样你就可以去解决问题，先发制人。你可能会问我一个具体的问题，比如："顺便问一下，这个计划通过你们法务部的审核不会遇到什

么困难吧？"接着，你就仔细观察并认真聆听我的答复。然后你可以改换一下字眼继续问："你们行政部门呢——也不会有什么问题吧？那你们的工程技术人员呢？"也许你会发现这个计划在法务部不会遇到什么问题，但工程师们没准会持保留意见。或者也许计划没有任何问题，但可能在法务部压三个月，只给工程师们留一周的时间进行技术评估。我的非语言行为会透露出我的隐忧。因此，问题可能只是单方面的，但由于你问了一些具体问题，你就会得到更深层次的详细信息。

最近，我通过不断追问具体问题发现了一个潜在的我和主办方的分歧点。我应邀去做一场报告，我就问主办方我可否邀请我的一位朋友作为嘉宾一同出席。主办方同意了。当我们见面敲定最终计划时，我说："你收到要参加报告会的我的某某朋友的信息了吗？""收到了。"主办方的人回答，但是他的眼睛游移了一下。"太棒了，能在现场见到他真是太好了。"我说。"对呀，"他轻声说，"很高兴能见到他。"然后我问了一个更具体的问题："顺便问一下，让他来做我的嘉宾有什么问题没有？""嗯，"他摸着脖子说，"后来酒店提高了价格，所以参会人员要支付100美元的早餐和午餐费。"

此时我才对当下的情形开了窍：第一，我原以为住宿费中包含了餐费，但事实上，餐费是每个人再单独算的。第二，餐费要比主办方预期的多。第三，尽管主办方愿意送我一份人情，替我支付这笔费用，但是这个决定伴随着一种情绪——而且这种情绪是负面的。我的追问让我及时洞察秋毫，也让我知道这里面存在着问题。我当然知道他们是在送我一份人情，但现在我更清楚地了解了那份人情有多大，以及什么程度的互利互惠才是合适的。如果我没有继续追问，只是凭着我错误的设想继续与对方沟通，建议邀请更多的嘉宾，想象一下主办方会怎样看我！幸运的是，所有人的问题都顺利地提前解决了。

||||||||

正如我希望本章中的例子所表明的那样，非语言智慧在商业中的最佳运用是为了获取有效信息，而不是为了专门评估欺骗。正如一些人所说，总想测测别人是否在说谎费时费力，你会因此误入歧途，看起来像个"偏执狂"，甚至会无意间惹上官司。

我只想记住停车计时器事件，以此提醒自己，无论我对本章讨论的主题进行了多少研究，总会有更多的东西要学，因为生活和人是千差万别的，我们永远无法完全洞悉真相。从某种程度上来说，在法庭以外的环境中，真相并不是最重要的。经商之道在于通过解决问题和改善关系来获得成功。要想实现这些目标，非语言智慧是你强大的盟友。

后 记

一个找我做过咨询的客户几年前在我那儿上了私教课。他说学习了非语言交流技能并且运用非语言智慧，就像"打开了以前隐藏起来的巨大的信息宝库"。他感觉拥有了这项技能，就像给自己颁发了许可证，让他能畅快自如地协调他和周围的人以及环境的关系。他还说："是的，我对此非常自信，我能感受它，我能随着它飞起来。"而之前他一直觉得很压抑。我认为社会环境，再加上现代生活的繁忙节奏，确实会使我们感到压抑。它压制了我们与世界紧密接触的自然能力，迫使我们忽略了许多我们知道并应该去做的事。而成功人士似乎恰恰反其道而行之。

当我和年轻的专业人士交谈时，我会问这个问题：

"假设你是老板。你打算雇用谁或提拔谁？你是会雇用那个看起来不可靠、不修边幅、似乎一事无成的人，还是会选择一个工作努力、机灵敏锐、似乎能预见问题，并能很好地代表公司形象的人？"答案当然是显而易见的。但我还会接着问："那你怎样获得这些素质？"每次分析到这里，总有点进行不下去了。正如一些人所认为的，成功不仅仅意味着穿戴优雅、有条不紊、拥有高学历，或者具备专业技能。我们都知道，有些聪明人的事业似乎从来没有起色，资历耀眼的人没人愿意跟他们共事。相反，我们也知道有些人资历平平、出身卑微，别人却愿意为他们做任何事。尽管困难重重，这些人仍能通过自身的努力走向成功。他们才真的是从"尚且可以"到"出类拔萃"！

成功人士非常突出的普遍特质是，不管他们做什么，他们的行为举止都是成功的。从很大程度上说，他们之所以出类拔萃，是因为他们具备通向成功的非语言交流技能。他们敏锐地观察周围的世界，准确地解读他人，领先于他人洞悉一切。他们也完全意识到自己是在用非语言方式传递信息，并将其发挥得淋漓尽致。他们很少感到意外，因为他们能感知并看到别人视而不见的机会。他们从心底接受了亚里士多德的伟大训诫："我们反复做着什么，我们自己就是什么。因此，优秀不是一种行为，而是一种习惯。"

这些人无论做什么，都通过自身的态度、能力、迅速的行动、举止、洞察力和自信传递正能量，这让他们与众不同。他们不断发送成功的信号，他们是可以信赖的，你对他们可以充满信心。一个人可以说"请相信我"，但与那些能证明自己可以被信任的人相比，这话就会显得空洞。因此，与大多数人相比，我们更加意识到要高度重视非语言交流，因为我们并不是靠我们的"言谈"来建立信任，而更多的是通过我们的"举止"来显露出可信度。如何对待自己和他人显然关乎我们的成功。

我写这本书是为了在最广泛的意义上分享非语言交流的科学性和艺术性。

书中所讨论的不仅仅是身体语言，还包括那些如何有力地进行沟通的方法，我们可以采用这些方法来改变我们自己以及那些我们想去影响的人。正如你所看到的，如果运用得当，非语言智慧本身会威力无穷；它是成功的商务人士每日所为的精髓。

非语言智慧的美妙之处在于它能使众人平等。掌握它就掌握了力量。你不需要很有钱或受过高等教育，就能够娴熟地运用它。非语言智慧人人可用，它表述的是一种每个人都能理解的共同语言——一种能使你脱颖而出的语言。从某种程度上说，非语言智慧就像礼仪一样：做对了不一定能保证你成功，但是做错了一定会毁了你。

通过适当的演练，非语言智慧就能使那些愿意每天将其付诸实践的人得到提升。借此，我们可以与他人建立更加丰富、互动性更强的关系，从而扩大我们在生活中的参与度，使我们的前途更加光明。生活将变得更有意义，因为我们对周围将要发生的事情会有更清晰的把握。

我写此书的目的是与你分享如何更完美地观察生活，并通过非语言交流让生活变得更加美好。人类的行为有着无限的多样性、细微的差别和复杂性，只有理解和运用非语言智慧，人类的行为才会变得更有意义。当我们以这种打开心智的方式看待世界时，我们会发现，不论是我们自身还是其他人，都有着等待我们去发现的微妙、美好和潜质。我希望你们对非语言智慧有更多的欣赏，并有意识地运用它：去解读、理解、帮助他人，并积极地影响他人。

- 致　谢 -

写书绝非易事，任何曾经尝试过的人都会证明这一点。与托尼·夏拉·波因特共事真的让这项任务变得令人愉快而惬意。早在写《FBI教你读心术》这本书时，我就遇到托尼了，她是那本书的终审编辑。托尼拥有和她的思想相匹配的机智敏锐、优秀的职业操守和高水平的专业素养。我们通过各种方式和场合进行长时间的沟通交流，比如在电话里、网络上、酒店的房间里、缓慢运行的电梯中、酒店的大堂里、嘈杂的餐厅里和中央公园的漫步中，托尼的参与为这项繁重的任务增添了许多乐趣。如果没有她的鼓励和她对我的设想的后期精加工，本书不可能面世。我要首先向她致以最诚挚的谢意。

我也要感谢托尼的丈夫唐纳德·波因特，感谢他愿意为本书制作插图。我想通过艺术以不同的方式表现非语言行为，使读者明白非语言行为是多么细致入微。唐纳德能熟练地捕捉到这些细微之处。他的艺术作品能吸引你注意到通常被忽视的身体的细节；比如，他能够刻画出任何照片都难以表现出的脸部的深度和纹理结构。作为纽约的一位著名艺术家和老师，他的日程已经排得满满的了，但他为我腾出了时间，对此我非常感激。

坦帕大学麦克唐纳-凯尔斯图书馆的伊丽莎白·巴伦在研究上帮了我很多，我也向她表达最衷心的感谢。她在我写前四本书时就提供了帮助，这次她又欣然接受了挑战。研究中的任何问题，不管多么晦涩隐蔽，她都能攻克。

圣利奥大学的阿什莉·诺思再一次同意我用她的形象作为插图的原型，我也向她表示感谢。

我也要感谢哈珀·柯林斯出版社的马修·本杰明对这本书的编辑，还有为这本书的面世做出贡献的优秀的专业团队。这是我与哈珀·柯林斯出版社合作的第三本书，他们在每个方面都表现得很专业，并为我提供了全方位的支持。

我要感谢罗伯特·恰尔迪尼博士，多年来，他对我影响颇深，让我思考我们如何能积极地影响他人；在这个领域，他是一个真正的巨人。我真诚地感谢他在百忙中抽出时间来审阅我的初稿，以及他对这本书的美言。

我也要感谢杰克·坎菲尔德抽出时间来审阅本书，并提出了积极的意见。

一路上，许多人都正式或非正式地给过我指导，这些指导我时刻铭记。但最终，我的一切都来自我的家庭，我的父母艾伯特和玛丽安娜用自己的身体语言教会了我善良和高贵。他们和我的其他家人塑造了我的世界观，提高了我的观察力。我还要对我的女儿斯蒂芬妮说，你在这个世界上是无与伦比的。我们在一起的任何时刻，你都带给了我无尽的欢乐和幽默。我要对我所有的家人说一声谢谢。

我还要感谢我的妻子特雷斯·希拉里给予我支持和鼓励，让我完成这本书的写作。她帮助我校对了好多稿早期的草稿，并根据她长期担任欧洲和美国地区市场营销主管的经历为我提供了宝贵的见解。

我也感谢哈佛商学院的布赖恩·J.霍尔，他激励我写就本书。

这样的一本书是基于大师巨匠的研究完成的，他们先于我进行了细致入微的观察，然后把他们的成果分享给世界；我对他们感激不尽。这本书在许多前人总结的知识的基础上，试图进一步拓展我们对日常生活中的非语言交流力量的理解。为此，我全身心投入本书的写作。如果在这些努力的成果中还存在任何缺点或错误，那都是我这个作者的失误。

乔·纳瓦罗

于佛罗里达州坦帕市

2009年4月

感谢我的丈夫唐纳德，感谢你为本书配上漂亮的插图，感谢你尽你所能地倾听，感谢你在适当的时候提出合适的建议，感谢你美好的灵魂。多娜·蒙克，谢谢你为我们提供早间咖啡，感谢我们的漫谈和无数次心灵的交会。我想对我的家人说，感谢你们一直这么爱我。感谢我们的编辑马修·本杰明和哈珀·柯林斯的团队，谢谢你们的关心和支持。最后，如果没有乔·纳瓦罗对我的信任，我无法写就这些文字。谢谢你，乔，谢谢你的知识、智慧、幽默和鼓励。非常高兴跟你一起工作。

托尼·夏拉·波因特

于纽约市

2009年4月